GARCIA MADIA & ASSOC.

Patrimonio, apuntes de gestión

García, Guillermo Rubén
Patrimonio, apuntes de gestión . - 1a ed. - Buenos Aires : Diseño, 2014.
146 p. : il. ; 23x15 cm.

ISBN 978-987-3607-30-1

1. Arquitectura. 2. Patrimonio. I. Título
CDD 720

PRIMERA EDICIÓN | **Mayo** 2014

© 2014 de la edición, Diseño Editorial
ISBN 978-987-3607-37-0

PATRIMONIO Y APUNTES DE GESTIÓN |
Guillermo García

PRODUCCIÓN EDITORIAL |
Eduardo Leguizamón

PRODUCCIÓN DE CONTENIDOS |
Guillermo Rubén García

DISEÑO GRÁFICO |
Carla Juliana Vidal

DISEÑO DE PORTADA |
María Belén García Santa Cruz

FOTO DE PORTADA |
Maqueta alumnos de Historia 2
Facultad de Arquitectura y Diseño UCALP

Patrimonio,
apuntes de gestión

GARCIA MADIA & ASSOC.

Grupo
HABITAT

diseño

Indice

Indice

Presentación

Presentación

Todas las voces todas[1]

Por mucho tiempo hemos trabajado en la conservación de un patrimonio cultural muy restringido. Esta actitud partía de la idea de considerar al patrimonio como algo excluyente, propio de "los mejores", o de los elegidos.

Cuando lo único bueno y verdadero es "lo propio" y "lo de los otros" es menospreciado o incluso negado, estamos excluyendo la posibilidad de diálogo y de encuentro. Muchas veces hemos considerado que los otros representaban "el mal", que eran la causa de nuestros dificultades y razón de nuestros problemas, y entonces se buscaba la salida en su demonización, trabajando en su hundimiento. Por ende el patrimonio cultural que los representaba también era excluído, rebajado.

Durante décadas hemos rescatado los paradigmas o las expresiones homogeneas de la cultura del pasado, suprimiendo los "tipos" o la diversidad. Hemos apoyado la superposición o yuxtaposición de culturas en detrimento del dialogo y del encuentro. Es esta actitud la que ha generado en el pasado los mayores desencuentros sociales, las respuestas más humillantes de un pueblo respecto a otro, de un sector cultural respecto del otro.

La diversidad cultural nos autoriza a pensar en distintas posibilidades, nos ayuda a comprender que no hay una única norma, una única ley, una única solución a los problemas. Nos ayuda a aceptar una visión plural del mundo. Nos enfrenta a la necesidad de considerar otros puntos de vista, entender que hay otras lógicas, otras maneras de pensar. Ese contacto nos prepara al mutuo enriquecimiento, al disfrute de multiples creaciones.

La Declaración Universal de la Unesco sobre la diversidad cultural – 2001-, la reconoce la como un "patrimonio común de la humanidad"; en la Conferencia General de octubre de 2005, se aprobó la Convención sobre la Protección y Promoción de la Diversidad de las Expresiones Culturales.

Estos documentos nos convocan y nos ayudan a trabajar en tal sentido. Estimamos que la exposición de distintas posturas, de ejemplos diversos, facilita la inclusión y el creciente disfrute de la diversidad. Esta actitud contribuye al progreso de nuestra vida en común, nos alienta hacia el cambio y el reconocimiento de la heterogeneidad.

Sin embargo, la defensa de la diversidad cultural no significa admitir que "todo vale", que debemos conservarlo todo. Diversidad no implica totalidad. Es la reflexión, la participación, el pensamiento crítico hecho en libertad, quienes nos han de orientar a la hora de elegir qué patrimonio hemos de proteger. En el contacto con los otros, con el intercambio, hemos de hallar los aspectos positivos que nos ayuden a reafirmar los valores, precisamente porque "no todo vale".

La conservación del patrimonio cultural debe expresar la diversidad de los grupos y de los pueblos. La aceptación de otras culturas constituye el punto de partida para la construcción de un futuro sostenible. *Las culturas están vivas, cambian y se transforman porque las personas que las sostienen interactúan con la realidad y con otros grupos humanos.*

El ver representadas a la mayor parte de las expresiones culturales en los elementos que se rescatan de un paisaje urbano o rural ayuda a comprender a las sociedades desde una perspectiva más completa, de saberes compartidos. Hoy, en el Centro Internacional para la Conservación del Patrimonio –CICOP- entendemos que constituye un imperativo ético el trabajar en la recuperación y puesta en valor de la diversidad cultural, que no implica reclusión o retraimiento. La vivencia de la diversidad se hace presente cuando se rompe el aislamiento de cada grupo. La lucha por la salvaguarda de las culturas en peligro se convierte en un deber ciudadano que requiere de "todas las manos todas".

1. De: "Canción con Todos" de César Isella

Jorge N. Bozzano
Director Académico CICOP Argentina
Centro Internacional para la Conservación del Patrimonio

Nuevos desafíos en la gestión del patrimonio cultural

En el año 1964 la Carta de Venecia consagró los principios teóricos y doctrinarios para la conservación y la restauración de los monumentos y sitios de interés histórico o cultural. A pesar del tiempo transcurrido los criterios establecidos en el documento continúan vigentes, aunque el debate sobre el patrimonio es continuo y permanente, al compás de los cambios sociales, económicos y culturales de las últimas décadas. Documentos internacionales posteriores a la Carta de Venecia establecieron orientaciones referidas a aspectos vinculados a la protección y la gestión, como los marcos jurídico y administrativo, la planificación nacional y local, el manejo del patrimonio como recurso económico y el papel de los actores sociales involucrados; sin embargo, un mundo en cambio permanente lleva al replanteo constante y al diseño y la aplicación de nuevos conceptos e instrumentos para la gestión patrimonial.

Entre las nuevas situaciones que caracterizan a las últimas décadas, cabe mencionar, en primer lugar, la paulatina y constante ampliación del concepto mismo de patrimonio, que incluye en la actualidad una amplia gama de componentes materiales e inmateriales. Nuevas categorías patrimoniales, como los paisajes o los itinerarios culturales, extienden la noción de patrimonio a la escala territorial aun superando los límites continentales. Por otra parte, la consideración del patrimonio intangible enriquece la valoración de las categorías tradicionales, como los monumentos, conjuntos edilicios o sitios, que se entienden hoy como portadores de nuevos y múltiples significados.

Los escenarios sociales y económicos actuales plantean nuevos desafíos a la gestión del patrimonio. A la ya mencionada ampliación conceptual, cabe agregar el avance vertiginoso de los medios de difusión e intercambio de información o el crecimiento explosivo de la actividad turística. En la actualidad, el patrimonio se erige como una oportunidad inmejorable para el desarrollo local pero, a la vez, se encuentra sometido a amenazas nuevas o bien más intensas que en décadas anteriores. El cambio climático impacta sin excepción a todas las regiones y a todos los contextos socioeconómicos. La globalización lleva a que, particularmente en los países más desarrollados, las ciudades busquen un mejor posicionamiento en un mundo cada vez más competitivo; el patrimonio se convierte en algunos casos en objeto de consumo masivo o en espectáculo, a la vez que la construcción de grandes complejos edilicios destinados a la administración, el turismo o la diversión amenazan al paisaje tradicional de muchas ciudades históricas.

Aun en contextos socioeconómicos menos favorecidos, el impacto del turismo sobre el patrimonio lleva a usos inadecuados o bien a sobrepasar la capacidad de carga de los monumentos y sitios históricos. La falta de inversiones suficientes en infraestructura básica o en el apropiado mantenimiento de los edificios y espacios urbanos hacen que la calidad de vida en muchos centros y barrios históricos se encuentre lejos de los estándares adecuados.

Todo esto implica, en fin, nuevos desafíos para la gestión del patrimonio cultural. Gestión que debe orientarse, en primer lugar, a su conservación con el fin de, tal como lo anunciaba la Carta de Venecia, legar estos tesoros de la humanidad a las generaciones futuras con toda la riqueza de su autenticidad. En este marco, gestión no debería significar "manejo del cambio" sino, más bien, asegurar la preservación de los rasgos esenciales sobre los que se fundan los valores de los bienes patrimoniales, garantizando su uso adecuado, su apropiada interpretación y su disfrute por la comunidad local y por los visitantes.

Resulta por lo tanto auspicioso que se reúna, para su difusión, una serie de ensayos dedicados a diversos aspectos de la gestión patrimonial. El Comité Argentino del Consejo Internacional de Monumentos y Sitios (ICOMOS) adhiere entusiasta a esta publicación, con el deseo que resulte útil tanto para los expertos como para el público interesado en el patrimonio y que contribuya a la reflexión en pos de una cada vez más adecuada gestión de nuestro patrimonio cultural.

Alfredo Conti
Vicepresidente de ICOMOS Internacional
Consejo Internacional de Monumentos y Sitios

Patrimonio: Nuevo paradigma

En los últimos quince años todas las regiones del mundo han presenciado
una verdadera explosión en el interés por parte del público en el patrimonio cultural. Quizás como reacción ante la erosión cultural a menudo
ligada a la globalización cada vez más galopante, los diversos patrimonios
intangibles, que en el pasado eran simples sombras en el trasfondo social,
han reclamado su merecido reconocimiento como elementos claves que
definen la vida comunitaria y la identidad cultural de cada pueblo. Asimismo, al patrimonio inmueble, cuyas manifestaciones más tradicionales
incluyen los edificios monumentales, los cascos urbanos históricos, y los
grandes sitios arqueológicos, se le han unido nuevas categorías de sitios
como lo son los del pasado reciente, los paisajes culturales, los asentamientos vernáculos, el patrimonio subacuático y los itinerarios culturales,
para mencionar tan solo algunos.

A la vez, ha habido un cambio paradigmático en el concepto de patrimonio,
que lo ha superado de su condición estática y su papel cultural, atribuyéndole
nuevas funciones como bienes raíces comerciables, como capital político, y
hasta como fuerza motriz en el desarrollo socio-económico.

El nuevo paradigma concibe el patrimonio como ente dinámico en un flujo
constante. Los valores patrimoniales, que anteriormente yacían exclusivamente en la forma material de los elementos constructivos, hallan ahora
atribuciones inmateriales de carácter evolutivo, como en la memoria pública, en los rituales comunitarios, en el uso tradicional de la tierra, o en las
características demográficas de la población del sitio.

Todos estos cambios han hecho que muchas de las metodologías usadas
en el pasado para conservar el patrimonio necesiten ser complementadas
con nuevas técnicas y nuevas disciplinas. Ante estas nuevas necesidades y
nuevas expectaciones, el repensar la mejor manera de proteger el patrimonio ha adquirido un carácter urgente. Ya no se habla tanto de "conservar" el
patrimonio, como de salvaguardarlo, y más aún, de cómo manejarlo.
El tema de cómo manejar el dinamismo implícito en la compleja interacción
entre el patrimonio tangible con el intangible, es el objeto de un gran debate
que se está llevando a cabo a nivel mundial.

La presente obra representa no solo una contribución clave para apoyar
la labor de la comunidad hispanohablante en proteger su patrimonio; es
también un aporte muy a tiempo de las opiniones y las experiencias de
América Latina al foro internacional. Contando con contribuciones por

parte de las mentes más brillantes de este campo en el continente, este libro ayudará a esclarecer el tema del manejo del patrimonio en todas partes del mundo.

Gustavo Araoz
Presidente ICOMOS Internacional
Washington

Introducción

Introducción

La gestión de la preservación del patrimonio urbano, una tarea de todos los actores sociales

Eduardo Rojas*

Banco Interamericano de Desarrollo

El patrimonio urbano de América Latina es valioso y ha recibido reconocimiento mundial por cuanto muchos monumentos, centros históricos y conjuntos urbanísticos han sido declarados por UNESCO parte del Patrimonio de la Humanidad[1]. Las comunidades de la región enfrentan hoy la tarea de preservarlo tanto para su uso contemporáneo como para el de las generaciones futuras. Sin embargo, los esfuerzos de conservación que han emprendido no son suficientes y se requieren acciones más efectivas para evitar que valiosos monumentos e inmuebles de significativo valor patrimonial continúen cayendo presa de la especulación inmobiliaria o el abandono y la decadencia.

El patrimonio tiene distinto valor para los diferentes actores sociales interesados en su preservación, por lo que para tener una adecuada apreciación de todos sus valores es necesario tomar en cuenta un amplio rango de factores y

*Las ideas contenidas en esta introducción son una elaboración de los argumentos avanzados por el autor en la publicación: "La preservación del patrimonio histórico urbano de América Latina y el Caribe. Una tarea de todos los actores sociales." 2002 Washington, Banco Inter Americano de Desarrollo, Serie de informes técnicos, Departamento de Desarrollo Sostenible (SOC-125).

Las opiniones e información contenidas en este artículo son las de su autor y no representan las del Banco Inter Americano de Desarrollo y sus instituciones afiliadas.

1. Potosí y Sucre en Bolivia; Diamantina, Goias, Olinda, Ouro Preto, Salvador de Bahía, Brasilia y Sao Luis en Brasil; Valparaíso en Chile, Cartagena de Indias y Santa Cruz de Mompox en Colombia; La Habana, Trinidad y Cienfuegos en Cuba; Quito y Cuenca en Ecuador; Antigua en Guatemala; Ciudad de México, Campeche, Oaxaca, Puebla, Querétaro, Guanajuato, Morelia, Tlacotalpan y Zacatecas en México; Ciudad de Panamá Viejo en Panamá; Arequipa, Cuzco y

considerar las opiniones de todos los grupos interesados. Esto significa incorporar en el proceso de valoración no sólo los puntos de vista de los especialistas en conservación y de la elite cultural –que tradicionalmente ha promovido los esfuerzos de preservación patrimonial– sino que también los de la comunidad, expresados tanto a través de los órganos representativos de gobierno como de las organizaciones de la sociedad civil y las de los inversionistas y empresarios. Asimismo, interesa tomar en cuenta la opinión de economistas y especialistas en finanzas públicas que están ocupándose de estos temas desde perspectivas tan diversas como el desarrollo de empresas culturales, el turismo cultural y el uso más eficiente de los recursos públicos destinados a la preservación del patrimonio.

Se argumenta que, desde el punto de vista de la valoración del patrimonio y de la forma como se organizaron los actores en el proceso de preservación del mismo, es posible identificar dos fases en el proceso de preservación del patrimonio urbano en América Latina y el Caribe[2]. En una primera fase, el proceso fue liderado por las elites culturales preocupadas por la conservación de edificios específicos o de áreas monumentales en peligro de desaparecer como resultado de las presiones del desarrollo inmobiliario y fue costeado fundamentalmente por la filantropía privada[3]. Esta valoración parcial del patrimonio y la consecuente forma de organizar el proceso de preservación tiene dos grandes limitaciones: La primera es el reducido alcance del esfuerzo de conservación que beneficia a algunos monumentos seleccionados de acuerdo a los intereses de una minoría y que se destinan usualmente a usos públicos. La segunda limitación es que el esfuerzo de preservación no es sostenible ya que descansa mayoritariamente en las energías de las elites y la voluntad muchas veces cambiante de los filántropos. En esta fase de evolución del esfuerzo de preservación y anticipando acciones propias de una segunda fase, muchos países promulgaron leyes de conservación del patrimonio histórico cuyo efecto neto ha sido ambiguo. Si bien en muchos casos las leyes de protección impidieron la destrucción de edificios históricos, también promovieron el deterioro de muchos edificios patrimoniales, particularmente edilicia residencial y comercial privada[4].

Lima en Perú; Santo Domingo en la República Dominicana; Paramaribo en Surinam, Colonia en Uruguay, y Coro en Venezuela.
2.Rojas, E. y Moura Castro, C. 1999. Préstamos para la conservación del patrimonio histórico urbano:desafíos y oportunidades. Serie de Informes Técnicos del Departamento de Desarrollo Sostenible.Washington, D.C.: Banco Interamericano de Desarrollo
3.Una excepción destacada es México, donde el Estado fue el que encabezó el esfuerzo de preservación desde el principio.
4.Los propietarios, enfrentados al costo de mantener los inmuebles patrimoniales perdiendo la rentabilidad de re-desarrollar los predios, muchas veces optan optan por no mantenerlos para

Algunos países de la región se encuentran en una segunda fase, caracterizada por la posición más activa adoptada por los gobiernos nacionales y algunos gobiernos locales los que han asumido responsabilidades directas en la protección del patrimonio urbano tanto legislando como invirtiendo recursos públicos[5]. El avance a esta fase es en parte el resultado de una valoración más amplia del patrimonio, reconociéndose, además de los valores que movilizaron intervenciones en la primera fase, otros valores socioculturales (como el valor de herencia) y algunos valores de uso (como el atractivo turístico del patrimonio)[6]. Los países que están en esta segunda fase han creando instituciones especializadas encargadas de velar por la aplicación de la legislación vigente y el buen uso de los recursos que el estado destina a la preservación[7]. Muchos de los esfuerzos de preservación propios de esta fase han sido también de alcance limitado y poco sostenibles. Estos resultados se deben a que en esta fase de la evolución del esfuerzo de preservación se ha producido sólo una alineación parcial de los intereses de los actores. Quienes se benefician directamente con el esfuerzo de preservación –las comunidades residentes en el área donde se localiza el patrimonio, los visitantes y empresas asociadas al turismo– sólo parcialmente coinciden con los que pagan los costos, los contribuyentes del país o la ciudad, y con los que se interesan por promover la preservación, la elite cultural del país.

Para conseguir una mejor alineación de intereses, mayor equidad y sostenibilidad del esfuerzo de preservación del patrimonio, y una mejor correspondencia con los intereses de la comunidad, es necesario que los países de América Latina y el Caribe se muevan a una tercera fase en la que la conservación del patrimonio urbano se convierte en una preocupación y responsabilidad de una amplia gama de actores sociales obteniendo impulso y dinamismo de la interacción de diversos grupos de interés y del mercado inmobiliario. En esta fase, la filantropía privada, las organizaciones de la sociedad civil, las comunidades locales, inversionistas, los gobiernos locales y el gobierno nacional, participan en el proceso asumiendo funciones complementarias[8]. Bajo estas condiciones debería desaparecer la asimetría de intereses y responsabilidades

que el deterioro fuerce a las autoridades a ordenar su demolición.
5.Ejemplos destacados de esta fase de evolución del esfuerzo de preservación son México y Brasil donde los gobiernos nacionales crearon instituciones especializadas que colaboran con los gobiernos de los Estados y municipios en la protección del patrimonio.
6.Para una discusión amplia de los valores del patrimonio ver: Throsby, D. 1999. "Cultural Capital and Sustainability Concepts in the Economics of Cultural Heritage." Economics of Cultural Heritage, Getty Conservation Institute. Los Angeles.
7.IILA-UNESCO. Rehabilitación integral en áreas o sitios históricos latinoamericanos. Memoria del Seminario-Taller. 1994Quito: Instituto Italo-Latino Americano, Organizaciónde las Naciones Unidas para la Educación, Ciencia y Cultura, Ilustre Municipio deQuito.
8.Rojas y Moura Castro, 1999 Op. Cit.

que ha caracterizado hasta ahora al esfuerzo de preservación de la región. Los beneficiarios de la preservación (la comunidad local) pagan una parte significativa del costo de preservación y reciben ayuda de la comunidad nacional (o provincial) cuando el patrimonio es de interés (y por ende de beneficio) nacional o provincial. La participación de la comunidad se sustenta en el interés creciente que despierta en ella el patrimonio por los múltiples valores que le asigna (de educación, herencia, turismo) y expande la base de soporte del esfuerzo que ya no descansa sólo en la elite cultural nacional. Asimismo, la filantropía privada encuentra canales orgánicos para contribuir al esfuerzo comunitario y los esfuerzos de estos actores no desplazan el interés que pueda despertar en inversionistas inmobiliarios privados las oportunidades de negocio que ofrecen los activos patrimoniales.

Alcanzar esta etapa de desarrollo en la preservación del patrimonio urbano requiere involucrar a todos los actores sociales en su mejor capacidad y de acuerdo a sus mejores intereses, y destinar los bienes patrimoniales a usos con demanda social. La preservación del patrimonio urbano es una tarea que rebalsa la capacidad de los actores actuando en forma individual y desordenada, y requiere de la acción concertada de todos los interesados para lo que es indispensable el liderazgo del sector público. Este debe inducir a los actores a participar según sus mejores capacidades y canalizar el financiamiento de fuentes tanto públicas como privadas a sus usos más eficientes. El capital privado inmobiliario a financiar proyectos rentables, la filantropía privada a mantener monumentos, los recursos públicos al mejoramiento del entorno de las áreas protegidas.

La experiencia reciente de algunas ciudades patrimoniales (Quito, Cuenca, Cartagena, Colonia) indica que es posible atraer inversión privada a la preservación de los centros históricos bajo ciertas condiciones. La filantropía privada hace ya tiempo que ha contribuido al financiamiento de inversiones en preservación del patrimonio cuando identifica proyectos emblemáticos, conmensurables con los recursos de que dispone y de alta visibilidad. Con frecuencia participa en asociación con otros actores, particularmente organizaciones de la comunidad, en abordar proyectos de mayor envergadura y largos períodos de maduración. Existe un amplio margen para aumentar la participación de la filantropía privada en la preservación del patrimonio. Habría que ofrecer a los filántropos canales estructurados de participación, por ejemplo a través de los fondos de preservación del patrimonio que reciben aportes privados y de organismos públicos pero que son administrados por un consejo curador donde estén representados todos los actores interesados y que actúa con criterios técnicos y al margen de presiones políticas. Los recursos aportados al fondo se invierten para crear un patrimonio financiero cuyas utilidades se usan para financiar proyectos de preservación asegurando la sostenibilidad de largo plazo del esfuerzo.

Resulta más difícil atraer la inversión inmobiliaria privada. Entre las condiciones que se requieren, destaca la existencia de un ambiente regulatorio estable que otorgue garantías a los inversionistas privados sobre la calidad de todas las inversiones privadas que confluyan sobre el centro histórico. La existencia de planes maestros de preservación y su adecuada puesta en vigencia otorga mejores garantías a la inversión privada que busca maximizar el valor de largo plazo de las inversiones inmobiliarias. Asimismo, es necesario crear un ambiente de renovación y protección en los centros históricos. Este ambiente, que es el resultado de las inversiones públicas en mejoramiento de la infraestructura, los espacios públicos y equipamiento urbano de los centros históricos, genera expectativas de aumento del valor de los inmuebles y por consiguiente atrae inversiones privadas.

Otra condición necesaria es la disponibilidad de financiamiento para la demanda por los espacios rehabilitados por el sector privado o las empresas de economía mixta, en particular, para residencias. Este factor es esencial para mejorar la capacidad de los centros históricos de atraer hogares de estratos medios. Asimismo, la disponibilidad de subsidios y asistencia técnica para las familias de bajos ingresos es la condición necesaria para promover la vivienda económica y mitigar el impacto negativo que usualmente los programas de preservación del patrimonio tienen sobre los grupos de bajos ingresos. Finalmente, es necesario controlar los comportamientos especulativos que podrían retener propiedades fuera del mercado a la espera de captar rentas originadas en las inversiones en preservación que se hacen en el entorno. El control de este comportamiento especulativo requiere de intervención pública que haga efectiva la regulación de las áreas de preservación, por ejemplo, las ordenanzas de preservación que autorizan a la municipalidad a expropiar los inmuebles que no son preservados según las normas vigentes.

Para avanzar hacia una fase de conservación del patrimonio como la descrita anteriormente, es necesario introducir reformas en la manera como los países enfrentan esta esfera de política pública. Es necesario que todos los grupos de la sociedad adopten una visión positiva del valor del patrimonio, se involucren en acciones conjuntas para su protección y desarrollo y apoyen las acciones integrales que el gobierno debe desarrollar destinadas a promover la preservación. También es necesario introducir reformas institucionales y operativas que aumenten la eficiencia del gasto público y faciliten la asociación de los actores interesados. Estos cambios no ocurrirán en forma espontánea. Existe una tarea de desarrollo que debe emprender el gobierno, ya sea local, regional o central, por cuanto es el único actor en capacidad de mantener la perspectiva de largo plazo que se requiere para concebir y ejecutar las reformas en los mecanismos de preservación del patrimonio. El gobierno es también el actor social que controla muchos de los instrumentos que pueden usarse para inducir al sector privado a que asuma un papel más protagónico. Esta intervención del gobierno se sustenta en argumentos de eficiencia y equidad ya que, como se argumentara anteriormente, el comportamiento espontáneo de los mercados no contabiliza todos los beneficios sociales de la conservación del patrimonio, incluyendo valores como los de herencia y opción o el patrimonio valorado por grupos minoritarios.

Capítulo I

Capítulo I

Capítulo I

El Patrimonio Mundial en América Latina
y el Caribe. Enseñanzas de treinta años
de puesta en práctica

Maria Susana Pataro*
(República Argentina)

1. Introducción

La Convención del Patrimonio Mundial, adoptada en 1972 por la Conferencia General de la UNESCO, constituye uno de los instrumentos normativos internacionales más interesantes orientado a la identificación, protección, conservación, presentación y transmisión del patrimonio cultural y natural del mundo a las futuras generaciones. Su visión resultó innovadora al colocar en un pie de igualdad la protección del patrimonio cultural y natural, llamando con ello la atención sobre la complementariedad y contribución que ambos hacen a la riqueza del planeta.

Otra originalidad de la Convención residió en el hecho de establecer un mecanismo de responsabilidad colectiva para la protección del patrimonio considerado como de "valor universal excepcional", es decir aquel cuya desaparición constituiría un empobrecimiento nefasto no solo para el estado sede del bien sino para toda la humanidad.

Una de las fuerzas motrices en su génesis fue la conciencia sobre las amenazas crecientes que se cernían sobre el patrimonio las que, lamentablemente, no han desparecido sino que continúan e incluso se han acrecentado.

Nos pareció estimulante -en un volumen colectivo sobre el patrimonio de América Latina- referirnos a las conclusiones del Primer Informe Periódico sobre el estado de aplicación de la Convencion desde su entrada en vigor, en 1976, hasta 2004 por varias razones: a) Porque es el instrumento internacional para la protección del patrimonio que mayor adhesión universal ha alcanzado después de su "hermana" en el ámbito de la naturaleza, la Convención sobre la Diversidad Biológica, de 1992[1]; b) la evolución que ella ha experimentado, reflejada en sus Directrices Prácticas y en las decisiones del Comité del Patrimonio Mundial, muestra la evolución que experimentó el concepto mismo de patrimonio desde una perspectiva euro céntrica y monumental hacia una visión más antropológica con la inclusión de la categoría de los paisajes culturales, en 1992; c) por el papel que otorga a las comunidades locales en el proceso de nominación y gestión de los sitios; d) porque resalta la necesidad de encontrar un equilibrio entre conservación, sostenibilidad y desarrollo, de manera que los sitios del patrimonio mundial puedan ser protegidos a través de actividades que contribuyan al desarrollo económico y social y la calidad de vida de las comunidades asociadas; e) porque alienta a los estados a otorgar al patrimonio una función en la vida colectiva y a integrarlo en los programas de planificación local, regional y nacional; f) porque pide a los estados el establecimiento y actualización periódica de un inventario de sus bienes naturales, culturales y mixtos - lista indicativa nacional -; g) porque alienta los estudios científicos que permitan hacer frente a los peligros que amenazan al patrimonio.

La Convención de 1972 se refiere a monumentos, grupos de edificios separados o conectados, sitios, formaciones físicas o geológicas y áreas naturales de valor universal excepcional desde el punto de vista científico, estético, histórico o antropológico.

La Convención tiene su principal mecanismo de puesta en práctica en un Comité intergubernamental de 21 Estados parte que administra la Lista del Patrimonio Mundial, asistido por el Centro del Patrimonio Mundial, en calidad de Secretaría, y por tres órganos consultivos: la Unión Mundial para la Conservación (UICN), el Consejo Internacional de Sitios y Monumentos (ICOMOS) y el Centro Internacional para el Estudio de la Preservación y Restauración de los Bienes Culturales (ICCROM).

El balance de treinta años de vigencia en América Latina y el Caribe constituye pues, a nuestro juicio, una aproximación valiosa para extraer algunas enseñanzas acerca de los problemas que plantea la identificación, conservación, presentación y transmisión del patrimonio a las futuras generaciones y poder generar políticas en consecuencia.

1. Al mes de marzo de 2005 la Convención ha sido ratificada por 181 Estados

2. La Convención del Patrimonio Mundial en América Latina y el Caribe: algunas cifras[2]

2.1 Estados parte: La región de América Latina y el Caribe cuenta con 33 estados independientes, todos los cuales son miembros de UNESCO, de los cuales 32 han adherido a la Convención del Patrimonio Mundial y que cuenta con 107 bienes inscritos en la Lista del Patrimonio Mundial hasta 2003[3].

El primer estado en haber ratificado la Convención fue Ecuador, en 1975, y el último en hacerlo, en 2005, fue Trinidad y Tobago restando solo por hacerlo Bahamas. Es interesante señalar que la subregión caribeña comprende 14 estados parte, es decir el 45% de la región y hay numerosas islas y territorios que pueden participar en la Convención a través de los Gobiernos de Francia, Países Bajos, UK y EE.UU.

2.2 Sitios inscritos: Respecto del número de sitios inscritos (julio 2003) el Informe muestra las siguientes cifras:

Caribe : 14 (13%) + 3
México y América Central: 36 (34%)
América del Sur: 57 (53%)

En comparación con las otras regiones el número de sitios y los porcentajes arrojan los siguientes resultados:

a) Europa y América del Norte: 381   (51%)
b) Asia Pacífico: 149   (20%)
c) América Latina y Caribe: 107   (14%)
d) África: 80   (8%)
e) Estados árabes: 56   (7%)

Recapitulando, al mes de julio de 2003, América Latina y el Caribe registra 107 sitios inscritos que constituyen el 14,2% del total de bienes diseminados en el mundo. Tres sitios adicionales, propuestos por los Países Bajos, UK y los Estados Unidos, están en el Caribe, lo que trae el número total de sitios de la

2. Se utilizará para las cifras comparativas las presentadas en el Informe y en algunos casos se darán cifras actualizadas a la última sesión del Comité, de julio de 2005

3. A julio de 2005 la cifra se eleva a 115 sitios en 25 estados parte de la región

región a 110 de los 754 del mundo[4] . De los 110 sitios 77 son culturales, 3 son mixtos y 30 son naturales.
Debe notarse que la proporción de sitios naturales en la región es mayor que la mundial (27% versus 20%)

De ese número se observa que la distribución es desigual :

Subregiones	Total sitios	Cultural	Mixto	Natural
América del Sur	57	37	2	18
A. Central/México	36	28	1	7
Caribe	14	9	-	5
Territorios	3	110	-	-
Total (región)	110	777	3	30
Total (global)	754	582	23	149

2.3 Categorización de los sitios

En el ámbito cultural se registran las siguientes categorías:

• 35 centros históricos o conjuntos urbanos del período colonial;

• 26 sitios arqueológicos de los cuales 3 son rupestres;

• 14 monumentos o fortificaciones del período colonial con la única excepción de la Ciudadela de Haití que fue construida después de su independencia;

• 3 paisajes culturales, dos en Cuba y uno en Argentina;

• 3 bienes representativos del patrimonio moderno del siglo XX

La categorización muestra una proporción elevada de sitios arqueológicos (24%) y de ciudades históricas (32%) así como la casi total ausencia de patrimonio de los siglos XIX y XX y de paisajes culturales. En relación con el patrimonio industrial los sitios de la región en esta categoría, están ligados a ciudades mineras del período colonial en México, Bolivia o Brasil.

4.Trátase de Willemstad en las Antillas Holandesas; St.George y las Fortificaciones anexas, en Bermuda y la Ciudad Histórica de San Juan de Puerto Rico

2.4 Listas Indicativas

Los inventarios o listas indicativas nacionales constituyen una herramienta de utilidad para la planificación y gran parte de los Estados cumplieron con la obligación de presentar listas válidas: de los 31 lo hicieron 22, es decir el 71%[5].

Un primer análisis de las listas indicativas muestra que ellas incluyen 185 sitios de los cuales 117 son culturales, 29 mixtos y 39 naturales. Asimismo, si bien se observa aun un gran número de sitios correspondiente a categorías "tradicionales" se percibe un marcado incremento de sitios culturales de los siglos XIX y XX, así como de sitios mixtos. No obstante el número de paisajes culturales, es todavía modesto al igual que los sitios geológico/paleontológicos.

2.5 Estrategia global para una Lista Representativa del Patrimonio Mundial

El desequilibrio observado en los primeros 20 años de la Lista del Patrimonio Mundial -gran número de sitios concentrados en ciertas partes del mundo y de ciertas categorías sobre otras – llevó en 1994 al Comité del Patrimonio Mundial a adoptar una " Estrategia Global" para lograr una lista equilibrada y representativa.

La Estrategia estimula la realización de diversas acciones tales como conferencias y estudios para promover la Convención. En el caso de América Latina y el Caribe estas acciones se tradujeron en un énfasis en la subregión del Caribe, hasta ahora escasamente representada, y en la exploración de nuevos temas tales como el patrimonio moderno, las rutas culturales y las nominaciones seriales y transfronterizas.

El patrimonio moderno ha recibido en los últimos años en el mundo y en América Latina una atención creciente. Hasta julio de 2005 en la región hay seis bienes que representan esta tipología (Brasilia, Brasil; la ciudad Universitaria de Caracas, en Venezuela; Valparaíso, en Chile; la Ciudad de Cienfuegos, en Cuba; la Casa Barragán, en México y las Oficinas Salitreras de Humberstone y Santa Laura, en Chile). Otro sitio, el Hospicio Cabañas en Guadalajara, México, incluye importantes elementos del arte del siglo XX.

5.La Lista del Patrimonio Mundial, la Lista en Peligro y las Listas indicativas de los estados parte en la Convención de 1972 pueden ser consultadas en la página web del Centro del Patrimonio Mundial de la UNESCO.

En el ámbito del patrimonio natural se ha verificado un interés creciente en los valores de los sitios marinos de alta biodiversidad particularmente de la zona tropical.

En relación con los sitios transfronterizos debe citarse la iniciativa lanzada por el Perú en 2001, a la que adhirieron Argentina, Bolivia, Chile, Colombia y Ecuador de inscribir en la Lista del Patrimonio Mundial el Qhapaq Nan o Camino Principal Andino. Es decir, la red de vías de comunicación prehispánicas que conectaba el territorio de estos estados y que culminó bajo el Imperio Inca y sus cuatro provincias en el Tahuantinsuyo. Se trata de un bien de gran complejidad que comprende caminos y estructuras arquitectónicas asociadas, tales como viviendas, lugares para almacenamiento y puentes. Los caminos conectaban asentamientos humanos, centros administrativos, áreas agrícolas, mineras y religiosas y centros ceremoniales. El sistema de caminos atraviesa áreas de alto valor cultural tangible e intangible, excepcional biodiversidad y comunidades locales asociadas.

2.6 Estudios temáticos y comparativos de los órganos consultivos

A fin de contribuir a la identificación de sitios potenciales del patrimonio mundial tanto el ICOMOS como UICN llevaron a cabo estudios comparativos y temáticos.

2.7 Examen del Estado de Conservación de los Sitios en América Latina

A comienzo de los años 80 en el seno del Comité se adoptaron decisiones tendientes a contar con información actualizada acerca del estado de conservación de los sitios y de las acciones de los estados parte para preservarlos y manejarlos. Ello condujo a acunar dos conceptos:

"seguimiento reactivo" (reactive monitoring) referido al proceso de examinar sitios específicos que se encuentran bajo amenaza y

"Seguimiento sistemático" (systematic monitoring), es decir Informe Periódico referido a la aplicación del Art.29 de la Convención del Patrimonio Mundial.

Desde el año 1986 se ha realizado el monitoreo o seguimiento reactivo de 48 sitios de la región en el Comité.

2.8 Lista del Patrimonio Mundial en Peligro

El proceso de monitoreo reactivo puede, en casos excepcionales, conducir a la inscripción de un sitio en la Lista del Patrimonio Mundial en Peligro. Esta lista incluye sitios para cuya conservación se necesitan operaciones mayores así como asistencia financiera significativa y requiere que el sitio esté amenazado por peligros serios y específicos

El primer sitio inscrito en la Lista del patrimonio mundial en peligro fue la región de Kotor, en Yugoslavia, dañada por un terremoto, en 1979. En el momento de presentarse el Informe se registraban para todo el mundo 35 sitios (18 culturales y 17 naturales) en la Lista en peligro[6]. En el caso de América Latina se registraban cuatro sitios inscritos en distintos momentos, uno cultural y tres naturales[7]:

El Parque Nacional do Iguacu, en Brasil (1999-2001): Los motivos que llevaron a la inclusión fueron la apertura ilegal por los pobladores locales de la "estrada do colono", cortando el Parque en dos, los vuelos de helicópteros y la falta de entrega del nuevo plan de manejo.

El Parque Nacional de Sangay, Ecuador (1992 - 2005): El Parque fue inscrito en la Lista en peligro a causa de la caza furtiva, introducción de ganado, avance sobre los limites del Parque y construcción de una carretera.

Reserva de Biosfera Río Plátano, Honduras (1996 hasta el presente): Disminución del área de reserva, caza ilegal, extracción masiva de madera de gran valor como la caoba, introducción de especies exóticas que dañan el complejo ecosistema de la Reserva.

Zona Arqueológica de Chan Chan, Perú (1986 hasta el presente): El sitio de Chan Chan fue inscrito en la Lista en peligro el mismo año de su ingreso a la Lista del patrimonio Mundial, a causa del daño que ejerce sobre sus frágiles estructuras de adobe la erosión natural al estar expuestas al aire y la lluvia y requerir continuos esfuerzos de conservación. La situación se ha agravado considerablemente por el fenómeno recurrente de la corriente El Niño, que ocasiona lluvia e inundación en el área desértica a lo largo de la costa peruana.

2.9 Cooperación para el Patrimonio Mundial

La Convención del Patrimonio Mundial prevé la creación de un Fondo del Patrimonio Mundial constituido por las contribuciones obligatorias o voluntarias de

6. En julio de 2005 se registran 34 de los 812 de la Lista.
7. En julio de 2005 se retira de la Lista en Peligro Sangay y se incluye, al mismo tiempo que se inscribe en la LPM, las Oficinas Salitreras de Humberstone y Santa Laura, en Chile. Es decir que América Latina tiene 3 sitios en la Lista en Peligro de los 34.

los Estados que la hayan ratificado. Ello les permite hacer solicitudes de cinco tipos:

• Asistencia Preparatoria, para la elaboración y/o armonización de listas tentativas, la preparación de candidaturas o solicitudes de cooperación técnica;

• Asistencia de Emergencia, para sitios inscritos en la Lista que hayan sufrido daños debido a fenómenos inesperados y repentinos;

• Formación, para capacitación de personal especializado con preferencia de grupos al nivel regional;

• Cooperación Técnica, para salvaguardar bienes del Patrimonio Mundial;

• Asistencia para actividades educativas, de información y promoción de la Convención.

Para el período 1979-2002 se aprobaron alrededor de 7 millones de dólares para la región, para un número total de 361 actividades desarrolladas en 27 estados parte.

3. Tres Décadas de Patrimonio Mundial en América Latina y el Caribe: tendencias y desafíos.

La evaluación del Primer Informe Periódico sobre la implementación de la Convención del Patrimonio Mundial en América Latina y el estado de conservación de los sitios inscritos hasta 1995 permitió detectar una cantidad de situaciones aplicables a la protección del patrimonio en general y delinear algunas propuestas tomando como marco de referencia los cuatro ejes adoptados por el Comité del Patrimonio Mundial en 2002, conocidos como " las Cuatro C": Credibilidad de la Lista, Conservación, Capacitación y Comunicación.

El Informe apunta, también, a cuestiones transversales que deben ser tenidas en consideración para que el debate en torno de los desafíos futuros resulte más abarcativo y enriquecedor:

Cambio Global

Este concepto se refiere a varias cuestiones. Una de ellas son los *procesos y fenómenos naturales de cambio*, especialmente el cambio climático, que es, en gran parte, el resultado de la acción del hombre.

El cambio climático tiene y continuará teniendo un impacto significativo sobre la biogeografía del mundo y sobre la condición del planeta. Y la distribución de los asentamientos humanos y el uso de la tierra tendrán que responder al cambio climático.

El patrimonio cultural es afectado por los cambios climáticos, por ejemplo, a través de los desastres naturales, el aumento del nivel del mar, las inundaciones y las migraciones, que ejercen y seguirán ejerciendo fuertes impactos culturales.

Asimismo, debe incluirse la *globalización de la economía y la sociedad* que representa tanto una oportunidad como una amenaza. Se plantea el desafío de responder adecuadamente al riesgo que el desarrollo económico comprometa la diversidad cultural y biológica del mundo sin mejorar las condiciones de vida. En este sentido la "comunidad del patrimonio mundial" podría contribuir al debate proveyendo ejemplos vivientes y visibles de desarrollo humano sostenible que incorpore consideraciones culturales, sociales y medioambientales.

No menos importante resulta, finalmente, la *globalización de la cultura*. La pérdida de valores culturales, lenguas, conocimientos y prácticas resulta alarmante, y existe una evidencia creciente que la pérdida de la identidad local, conocimiento y prácticas contribuye al deterioro de los sitios culturales y naturales.

Credibilidad de la Lista

Hay acuerdo general en que la región aun no ha dado de sí todo lo que podría y queda mucho trabajo por realizar en torno de la mejor comprensión de algunos conceptos clave como los de valor universal excepcional, autenticidad e integridad así como la elaboración de inventarios.

Respecto del patrimonio natural parece delinearse una necesidad en ir más allá de los sitios individuales por cuanto estos no pueden ser separados de su contexto más amplio ambiental, económico, social y cultural.

En relación con el patrimonio cultural se ha considerado que la representatividad de los sitios culturales es limitada en todas las categorías, particularmente en aquellas relativas a las culturas pre-hispánicas y post-coloniales o a la arquitectura y el urbanismo republicano, así como en los paisajes culturales.

La Convención constituye una herramienta poderosa para el manejo y la conservación de los sitios pero siendo su comprensión y uso aun limitados su potencial permanece en estado latente.

Al nivel regional y nacional se observa escasa coordinación intersectorial y el patrimonio continúa siendo marginal en la agenda política. Una de las principales recomendaciones es la de constituir "Comités nacionales del patrimonio mundial", de manera de promover una conservación y manejo integrados del patrimonio trascendiendo los límites sectoriales y disciplinarios y rompiendo estructuras de trabajo y de pensamiento cristalizados.

Al nivel de los órganos consultivos – UICN e ICOMOS - se observa que ellos reflejan en la práctica la misma separación que los sectores gubernamentales; parecería también necesario observar el uso limitado que los Estados de América Latina han hecho de una organización intergubernamental como el ICCROM, a pesar que la Convención le otorga un papel explícito en la gestión de los sitios inscritos en la Lista.

Turismo

Para lo mejor y para lo peor los sitios del patrimonio mundial están entre los más visibles y visitados de la industria mundial del turismo y resulta por tanto necesario tener claro que ésta constituye un sector dinámico que requiere capacidades profesionales sofisticadas.

En la evaluación del Informe surge que las políticas turísticas no suelen considerar adecuadamente las dimensiones cultural, social y ambiental. Generalmente hay falta de comunicación entre las instituciones responsables del turismo, cultura y medio ambiente. En el ámbito de los sitios, resulta preocupante la inexistencia de planes de uso público o su no implementación. Como consecuencia de esta situación se verifica un número excesivo de visitantes, servicios inadecuados e interpretación inexistente.

Lo que se observa también es que el número masivo de visitantes no suele ir acompañado de beneficios para los residentes locales ni para la conservación sino , por el contrario, de deterioro ambiental y físico, impacto social y cultural negativo y amenazas a la integridad y autenticidad de los sitios. En algunos casos el turismo ha forzado a los residentes a partir y sus casas a convertirse en hoteles, tiendas o restaurantes para ellos inaccesibles.

Para concluir con el turismo puede decirse que si bien no hay respuestas fáciles parece existir consenso en que falta una implementación profesional de planes turísticos en el ámbito de los sitios así como capacitación para comprender la función educativa del patrimonio mundial, de manera de minimizar los impactos negativos y maximizar los beneficios.

Capacitación

La conclusión del Informe observa que la capacitación y la educación deben responder de forma más activa a las circunstancias cambiantes y a los conceptos emergentes. Esto implica una actitud más proactiva hacia lo interdisciplinario y hacia los temas emergentes tales como: seguimiento y evaluación, efectividad del manejo, nivel de cambio aceptable, sistemas de planificación, manejo de los procesos participatorios, entre otros. El nuevo paradigma muestra que los residentes locales tienen sus capacidades y conocimientos que merecen ser considerados, mantenidos y promovidos de manera complementaria a la capacitación y educación formal y científica.

Comunicación

Si se entiende por comunicación no solo diseminar conceptos e información sino poner mayor énfasis en los mecanismos que permitan que las voces de los actores locales sean escuchadas y que sus percepciones, conocimientos y capacidades sean parte de la conservación y manejo del sitio, puede decirse que existe un importante déficit comunicacional.

4. Orientaciones para un Plan de Acción para el Patrimonio Mundial en América Latina y el Caribe

Sobre la base de los resultados obtenidos el Informe presenta una cantidad de orientaciones siguiendo los ejes temáticos fijados por el Comité.

Marco General institucional

Para su implementación la Convención necesita de un marco general institucional adecuado que requeriría minimamente:

- Asegurar la mayor participación posible de todos los grupos en vueltos en la conservación y manejo del patrimonio cultural y natural;

• Revisión y actualización de la legislación;
• Establecimiento, en el ámbito nacional, de Comités Nacionales
del Patrimonio Mundial;
• Establecimiento, en el ámbito local, de Comisiones de Sitio.

Credibilidad de la Lista del Patrimonio Mundial

Para que la Lista del Patrimonio Mundial refleje la diversidad cultural y natural de nuestra región necesitaría:

• Profundizar la reflexión sobre los conceptos de valor universal
excepcional, significación, autenticidad e integridad;
• Elaborar inventarios completos, listas indicativas nacionales y
procurar su armonización;
• Priorizar nominaciones que contribuyan a una lista equilibrada es
decir que incluyan categorías hasta ahora subrepresentadas como,
por ejemplo, el patrimonio moderno y los paisajes culturales.

Conservación

Los sitios del patrimonio mundial, por ser de "valor universal excepcional",
deberían ser conservados y manejados de acuerdo a los más altos estándares
y constituirse en un modelo de gestión y participación para los otros sitios.
Para ello debería procurarse:

• Promover planes de manejo integrados que incluyan: programas
de investigación científica, uso público, preparación para la
emergencia y el riesgo, mecanismos de seguimiento y evaluación;
• Amplia participación de todos los actores interesados en la
preparación e implementación de los planes de manejo;
• Promover la integración y los enfoques comunes de las prácticas
de manejo del patrimonio natural y el cultural, ya que el primero
esta más avanzado que el segundo;
• Prestar atención a la definición de indicadores para medir el
estado de conservación y la efectividad del manejo, particularmente
para situaciones de gestión compleja como, por ejemplo, los
ecosistemas y las ciudades del patrimonio mundial;

La emergencia de nuevos conceptos requiere de nuevas capacidades y habilidades así como la inclusión de nuevos actores, léase los gobiernos locales, las organizaciones no gubernamentales y los grupos comunitarios. Asimismo y en líneas generales:

- La Capacitación debe ser permanente y dirigirse a todos los niveles de gobierno y de las instituciones y personas con responsabilidades en el manejo;
- La inversión en capacitación debería estar acompañada del monitoreo y evaluación a fin de contar con un "feedback" que permita realizar los ajustes necesarios.

Comunicación

- Asegurar que los objetivos, conceptos y contenidos de la Convención sean ampliamente comunicados en la forma, formato y lenguaje adecuados a todos los sectores: decidores políticos, administradores de sitios, propietarios, público en general, medios, estudiantes, juventud, etc.;
- Reconocimiento de las comunidades locales e indígenas a través de una comunicación en doble sentido que reconozca sus capacidades y saberes;
- Incluir el patrimonio en la curricula escolar primaria y secundaria.

Conclusión

Con la presentación del Informe Periódico de Europa, última región en ser evaluada, prevista para la próxima sesión del Comité del Patrimonio Mundial que se celebrara en la ciudad de Vilnius, Lituania, en julio de 2006, se cerrará un primer ciclo al que seguirá un ejercicio de evaluación y reflexión sobre el estado de la Convencion del Patrimonio Mundial en el mundo. ¿Debería continuarse con la inscripción de nuevos sitios? ¿Convendría cerrar la Lista por un lapso determinado, concentrándose en la cooperación y la conservación? ¿Debería procederse a 'limpiar" la Lista, en aras a su credibilidad, eliminando sitios que han perdido los valores por los que fueron originalmente inscritos? ¿Cómo conjugar la Convencion de 1972 con la Convención para la salvaguardia del patrimonio inmaterial?

Estas son solo algunas de las preguntas, por cierto extremadamente comple-
jas desde el punto de vista político y de la conservación, que comienzan a
escucharse y para las que no habrá respuestas universales.

En ese contexto, América Latina debería procurar buscar respuestas acordes
con una identidad, reflejo de una extraordinaria diversidad cultural y natural,
que ameritaría una visión política y estratégica a escala continental que la
comprenda y valore como una herramienta de desarrollo social, cultural y
económica de sus pueblos.

Maria Susana Pataro*

La autora es Antropóloga y diplomática de carrera, especialista en temas
multilaterales de protección del patrimonio cultural y natural. Embajadora
de la República Argentina en Nigeria y representante ante la Comunidad
Económica del África Occidental. Ha desempeñado funciones en las representaciones diplomáticas en Francia, Grecia, Italia y la Delegación Argentina
ante la UNESCO. Miembro del Comité del Patrimonio Mundial (2001-2005).
Conferencista, panelista, coordinadora de seminarios y talleres nacionales
e internacionales, capacitadora y sensibilizadora de diferentes actores de
la conservación, ha participado en representación de la Argentina o a título
personal en numerosas reuniones internacionales relativas a la protección
del patrimonio cultural y natural. Asesora de la Dirección Nacional de Conservación de Áreas Protegidas en la Administración de Parques Nacionales
Vicepresidente del ICOM Argentina

Capítulo II

Capítulo II

El Siglo XX y su patrimonio
El caso de México

Louise Noelle*

> *Es nuestro pasado parte integrante de lo que somos... es por esto que debemos conservar las expresiones culturales más representativas de ese pasado...*[1]
> *Enrique del Moral*

Esta aseveración debiese contar en la actualidad con una aprobación irrestricta, sin embargo mucho es el camino que falta por recorrer. El tema del patrimonio y su protección ha sido tratado en numerosas ocasiones por connotados especialistas Latinoamericanos, de entre los que podemos destacar algunos pioneros como Martín Noel en Argentina y Federico Mariscal en México[2]. Posteriormente, arquitectos en activo como José Villagrán en tres conferencias para El Colegio Nacional en 1962, o Enrique del Moral se ocuparon del tema, al igual que estudiosos encabezados por Francisco de la Maza, Eusebio Leal, Ramón Gutiérrez, Pedro A. Belaunde, Jorge Alberto Manrique o Alberto Saldarriaga

1. Enrique del Moral, "Defensa y conservación de las ciudades y conjuntos urbanos monumentales", El hombre y la arquitectura, UNAM, México, 1983. Pág. 217. Artículo publicado originalmente por la Academia de Artes en 1977 y reproducido en Arquitectura y Conservación, INBA, México, 2002.
2. De entre más de una veintena de libros de Martín Noel sobre la arquitectura de Sudamérica nos atrevemos a destacar Arquitectura Virreinal, Universidad de Buenos Aires, Buenos Aires, 1934; y Federico Mariscal, La patria y la arquitectura nacional, Universidad Popular, México, 1915.

José Villagrán García, Edificio de Estacionamiento Gante, 1947-48, México D.F.

entre muchos otros, enfatizando especialmente la defensa de la arquitectura de épocas anteriores.

En el escrito *Defensa y Conservación de las ciudades y conjuntos urbanos monumentales*, que nos sirve para abrir esta reflexión, Enrique del Moral deja en claro la importancia no solo de las edificaciones patrimoniales sino de su entorno, proponiendo que "en las ciudades, lo que pudiéramos denominar el casco antiguo histórico-monumental se conserve y se pueda reconocer..."[3]; en este estudio, después de revisar el caso de ciudades americanas y europeas, sugiere una serie de medidas prácticas para lograrlo con éxito, enlistando once "Recomendaciones". Añade que "es imperativo que en zonas monumentales, el quehacer arquitectónico propio de nuestra época –cuando sea necesario llevarlo a cabo- no se signifique por alardes de creatividad e individualismo que ignore los valores que le son vecinos"[4]. Sin embargo, en estudios posteriores no se ha llegado a ninguna determinación en términos de la convivencia de estos núcleos urbanos con la arquitectura del siglo XX.

3. Del Moral, Op. Cit., Pág. 7.
4. Ibid., Pág.24.

Alejandro Zohn, Edificio de Estacionamiento Mulbar,
1974, Guadalajara. (Foto LN)

Por otra parte, las obras construidas en lo que ya podemos denominar "el siglo pasado", se han visto enfrentadas al menosprecio de quienes buscan conservar ese legado que no se reviste del brillo de lo histórico; estas obras no sólo han sido presa de la negligencia y la destrucción sino que, en algunos casos, se les ha negado el derecho a insertarse en los tejidos urbanos históricos, a diferencia de las creaciones de siglos anteriores. Es probable que la altura que se puede alcanzar con los materiales y técnicas de la modernidad, así como la utilización de acabados de componentes industrializados, influyan en este rechazo a la inclusión de la arquitectura llamada Internacional, sin olvidar los "alardes" a que hace referencia Del Moral. Sin embargo, existe ya un consenso de que la imitación del pasado no puede ni debe de ser la salida para estas construcciones de nueva planta, puesto que en la mayoría de los casos apelan tan solo a recursos escenográficos o folklóricos.

Es indiscutible que la inserción de edificios contemporáneos en los centros históricos propicia controversias y polémicas. Por otra parte es indiscutible que algunas fábricas de otras épocas pierden su vigencia, convirtiéndose en enormes espacios sin uso, pero con altos costos de mantenimiento; esto sin contar con el actual sistema que favorece el consumismo, donde los inmuebles

Augusto H. Álvarez, Torre la Latinoamericana de Seguros, 1950-52, México D.F. (Foto LN)

que han dejado de cumplir con su misión, se destruyen sin mayor miramiento. No obstante, la desaparición de toda obra que pierde su destino original sería un error, puesto que redundaría en detrimento de la riqueza arquitectónica, cambiando radicalmente el perfil histórico de la ciudades. De cierta manera esta era la temeraria propuesta del arquitecto suizo, Le Corbusier, quien en 1925 planteó el *Plan Voisin* para la ciudad de París y, con el pretexto que la ciudad es una herramienta[5], formulaba una doctrina de *tabula rasa*, donde solo sobrevivían algunos monumentos dentro de un contexto contemporáneo; desafortunadamente estas ideas estuvieron en la base de los CIAM y la famosa "Carta de Atenas", 1933, favoreciendo intervenciones urbanas drásticas en el periodo de la arquitectura internacional.

En América Latina encontramos notables ejemplos de inserción imaginativa, como es el caso temprano de Oscar Niemeyer, quién con todo cuidado coloca en 1940 el "Grande Hotel" en la ciudad dieciochesca de Ouro Preto, en

5. Ver Le Corbusier, Urbanisme, París, 1925.

Mario Pani, Hotel Alameda, 1943-44, Morelia.

Minas Gerais, Brasil. En Argentina, en la ciudad de Buenos Aires, encontramos una excelente muestra en el Banco de Londres, 1962-1964, de Clorindo Testa, con el que posteriormente colindó acertadamente el Banco Provincia de Córdoba, 1972, de Miguel Ángel Roca. En Bogotá, Rogelio Salmona proyectó un edificio para el Archivo Nacional de Colombia, 1990-1992, que al adecuarse inteligentemente al entorno, propició el rescate de toda una área de la antigua Santa Fe.

Sin embargo me permito detenerme en los casos de México, por ser los que conozco mejor. Un ejemplo temprano que merece ser recogido, es el del Estacionamiento para Automóviles en la calle de Gante, 1948, obra del "padre" de la arquitectura contemporánea en México, José Villagrán García; aquí su diseñador respeta la altura de los edificios vecinos, con tiendas a nivel de calle, para reconocer la vocación comercial del entorno, a la vez que ofrece una solución al problema de aparcar los vehículos que aqueja a nuestras urbes. Algunos años más tarde, Alejandro Zohn tomó esta idea para el centro de Guadalajara, con un edificio de 1959 y el Mulbar de 1974, aunque el primero se construyó en un predio que ocupaba un interesante edificio decimonónico.

Teodoro González de León y Abraham Zabludovsky, Oficinas Centrales Banamex, 1986-89, México D.F. (Foto LN)

Acontecimiento contrario es el de Augusto H. Álvarez quien, sin atender al entorno, implanta el edificio de La Latinoamericana de Seguros, la estructura más alta del país por mucho tiempo, logrando sin embargo crear uno de los símbolos de su capital. Se trata de una de las situaciones recurrentes del movimiento internacional como lo atestiguan, entre muchos otros, un edificio de claro corte internacional, curiosamente proyectado por los dos paladines de la defensa del patrimonio, Villagrán y su discípulo Del Moral, 1950, o el Hotel Alameda en pleno centro de Morelia, 1944, de Mario Pani, que trata de tamizar su modernidad con la copia de dos portadas virreinales; por su parte, el Hotel Panorama, 1960, de Francisco Cossio en el centro histórico de San Luis Potosí, se plantea como uno de los tantos ejemplos que aquejan a las ciudades de la República Mexicana.

Recientemente, es de señalar Teodoro González de León, asociado con Abraham Zabludovsky, con realizaciones como la sede del Banco Nacional de México, 1986, anexo al palacio barroco de los marqueses de San Mateo de Valparaíso, obra del connotado arquitecto dieciochesco, Francisco de Guerreo y Torres; aquí los arquitectos optaron por realizar una obra con-

Enrique Murillo, Central de Autobuses, 1990, Xalapa.

temporánea que respeta la fábrica colonial, conservando la altura y los entrepisos, así como la proporción y el tamaño de los vanos, agregando a la mezcla del hormigón aparente arena de tezontle, una piedra volcánica rojiza que se usa en muchas de las edificaciones antiguas de la ciudad de México. Frente a este se encuentra la Plaza Banamex, 1980-1982, de Enrique Landa, cuya principal cualidad es la de haberse introducido en el tejido urbano con propiedad y respeto, creando además una agradable plaza pública.

En otras entidades, como la ciudad de Xalapa nos encontramos con la Central Camionera, CAXA, de 1989, obra galardonada de Enrique Murillo, que emplea la teja típica de las techumbres locales para insertarse en la capital veracruzana. Un caso reciente es el de los arquitectos yucatecos, Roberto Ancona, Augusto Quijano y Jorge Carlos Soreda, quienes supieron adecuar a la plaza mayor de Mérida un edificio de nueva planta, el Centro Cultural "El Olimpo", 1997-1998, que representa una reflexión sobre la ciudad, su pasado y su futuro. Estos son algunos de los numerosos arquitectos que ofrecen lo mejor de su creatividad aplicada a las zonas históricas, en obras de calidad que no por eso dejan de ser llamativas y en muchos casos controvertidas.

Augusto Quijano, Roberto Ancona y Jorge Carlos Soreda, Centro Cultural "El Olimpo", 1997-99, Mérida. (Foto LN)

Aún falta mucho para poder llegar a un consenso sobre la presencia de nuevas edificaciones en las zonas históricas o el tipo de intervenciones que deben de ser permitidas en las obras patrimoniales, y esto por parte de propietarios, arquitectos y estudiosos del tema. Por ello que resulta particularmente interesante reflexionar sobre este tema, tomando en cuenta tanto la opinión de los creadores como aquella de los encargados de proteger el patrimonio, a la luz de las posibilidades reales de uso y economía.

Sin embargo el punto fundamental de este tema es el la necesidad de atender al registro, protección y conservación de la arquitectura erigida a lo largo del que ya podemos denominar el siglo pasado. Se trata de un elevado número de edificaciones cuya calidad y trascendencia las hace acreedoras a un justo reconocimiento; además, es urgente aceptar que tenemos la responsabilidad de preservar no solo el espíritu de ese periodo lleno de cambios y controversias, sino sus mejores ejemplos para la posteridad. Las ciudades, especialmente las del nuevo mundo, adquirieron el perfil que nos es tan familiar en ese periodo, por lo que no sería correcto que se pierda.

En este sentido, el ICOMOS en acuerdo con la UNESCO ha buscado realizar

Luis Barragán, Casa Barragán, 1949, México D.F. (Foto LN)

los estudios para que el peso de la arquitectura del Movimiento Moderno cuente con una justa representación en la Lista de Patrimonio Mundial. Por una parte, para Latinoamérica, encontramos acciones como las declaratorias de Brasilia, de la Ciudad Universitaria de la Universidad Central de Venezuela o, recientemente, de la Casa de Luis Barragán. Por la otra hay que anotar las reuniones de expertos auspiciadas por la UNESCO para estudiar el balance en la Lista de Patrimonio Mundial, habiendo instituido en 1999 un grupo de trabajo encabezado por Henry Cleere, que presentó su informe en 2003[6]. Resulta interesante anotar aquí la situación de esta Lista de Patrimonio Mundial donde existían, para el año 2002, 577 inscripciones de las cuales 172 correspondían a Latinoamérica, de estas 48 representan a Ciudades y Centros Históricos, mientras que tan solo 2 al Patrimonio Moderno. En cuanto al papel de la arquitectura del siglo XX en América Latina, se llevaron a cabo seminarios como

6. Se trata del documento de trabajo de ICOMOS en colaboración con el World Heritage Comittee, "Analysis of the World Heritage List and Tentative Lists: Cultural and Mixed Properties", entregado el 6 de marzo de 2003. Junto con una docena de especialistas, tuve el honor de participar en el Comité Consultor de dicho documento.

Enrique del Moral, Casa Del Moral,1848, México D.F. (Foto LN)

el de la Ciudad de México en junio de 1993[7], y Monterrey en diciembre 2002, y está a punto de establecerse un Grupo de Trabajo para la arquitectura del siglo XX que sea coordinado desde México, lo que nos permite vislumbrar la posibilidad un cambio positivo en el terreno de la valoración de la arquitectura del siglo pasado.

Esto sucede al mismo tiempo que importantes agrupaciones internacionales, como el DOCOMOMO, inician una labor sistemática de catalogación y conservación; este se fundó en 1990 y en la actualidad cuenta con más de cuarenta secciones nacionales, habiéndose creado la de México en 2003. Por su parte la Unión Internacional de Arquitectos, bajo la presidencia de Sara Topelson y con el apoyo del gobierno francés, creó en 1999 un "sitio de internet"[8] que recoge las obras arquitectónicas del siglo XX y señala aquellas que se encuentran en peligro de destrucción, buscando con ello crear conciencia y

7. Ver Memorias. Seminario sobre la conservación del patrimonio del siglo XX, ICOMOS-UAM, México, 1993.
8. http://www.archi.fr/UIA

Manuel Amábilis y Gregory Webb, Sanatorio Rendón-Peniche, 1919, Mérida. (Foto LN)

favorecer la protección de este periodo.

Aquí es donde incide la problemática de una legislación que coadyuve en estos menesteres, ya que resulta prácticamente imposible defender gran parte del patrimonio contemporáneo con las legislaciones existentes en muchos países. En México la *Ley Federal sobre Monumentos y Zonas Arqueológicos, Artísticos e Históricos*, promulgada en 1972 y adicionada en 1986[9], tiene múltiples deficiencias; entre las principales podemos señalar que el patrimonio de los periodos prehispánico y virreinal, denominados Patrimonio Arqueológico e Histórico respectivamente, son atendidos por el Instituto Nacional de Antropología e Historia, INAH, mientras que el del siglo XX se denomina Patrimonio Artístico con el Instituto Nacional de Bellas Artes, INBA, a su cargo con muy pocos medios legales para la defensa de este periodo. Por ello resulta indispensable que se mantenga vitalmente activa

9. Para mayor información de la historia de la legislación en México y sus alcances actuales ver a José Ernesto Becerril Miró, *El derecho del patrimonio histórico-artístico en México*, Editorial Porrúa. México, 2002.

la Comisión Nacional de Patrimonio Artístico convocada por el INBA, en cuyas sesiones se analizan los diversos proyectos, tanto para posibles declaratorias como para permitir cambios o adecuaciones, llegando por consenso a sus decisiones sobre el tema.

Así las cosas, encontramos en la actualidad un buen número de declaratorias de Patrimonio Artístico acertadas que van más allá de los edificios pardigmáticos que no corren el peligro de desaparecer, como es el caso del Mercado Libertad, 1958-59, obra del arquitecto Alejandro Zhon, que pudo con ello salvarse de ser destruido. Sin embargo es también preciso señalar algunas omisiones, como es el caso de la Ciudad Universitaria, 1950-52, cuyo Plan Maestro se debe a Mario Pani y Enrique del Moral y que contó con la participación demás de cincuenta arquitectos; en este caso las propias autoridades universitarias se habían rehusado a permitir esta acción, lo que se ha visto subsanado hace muy poco, emprendiendo los tramites para contar con dicha calificación[10].

Por otra parte no se pueden soslayar los errores, debidos tanto a la corrupción de algunas autoridades como a la ignorancia o la codicia de arquitectos y promotores urbanos. Encabezando una larga lista encontramos la que fuera la casa propia de Enrique Del Moral en Tacubaya, 1949, que sufrió una trágica mutilación a cargo de Fernando Romero, en el 2002 y aún más increíble la casi total destrucción de la residencia de Juan Sordo Madaleno, 1951, efectuada por su propio hijo, Javier Sordo. Hace tan solo un año, la famosa Casa del Risco, cuya singular silueta ocupa la portada del libro La *casa latinoamericana moderna*[11], fue derribada sin que nada se pudiera hacer, para dar paso a un grupo de viviendas anodinas.

Frente a esto, encontramos algunas restauraciones ejemplares, tanto en obras que han logrado una declaratoria, como en las que aún no cuentan con ella. Tanto la Casa Estudio Diego Rivera y Frida Kahlo, 1932, de Juan O´Gorman, como el Museo Experimental el Eco, 1953, de Mathias Goeritz han logrado recuperar su aspecto original gracias al trabajo de Víctor Jiménez; cabe agregar que son de los pocos ejemplos que se conocen en la actualidad de recuperaciones cuidadosas que buscan aproximarse al estado original, valiéndose de

10. Louise Noelle, *Uso y abuso del patrimonio universitario. El caso de la Ciudad Universitaria de la UNAM*, Academia de Artes, México, 1995.
11. *La casa latinoamericana moderna. 20 paradigmas de mediados del siglo XX*, Gustavo Gili, México. 2003. Cabe agregar que esta publicación también se ocupa tanto de la casa de Enrique del Moral como de la Casa del Puente de Amancio Williams, que han corrido también con poca suerte a pesar del reconocimiento de la publicación.

elementos como planos y fotografías de la época. Dentro de otros ejemplos baste señalar en la ciudad de Mérida, un obra significativa del Neo-Maya de Manuel Amábilis y Gregory Webb, el Sanatorio Rendón Peniche, 1919, fue restaurado y transformado en la Unidad Foránea de Estudios Sociales de la UNAM a cargo de Martha Pacheco; por su parte el edificio Art Déco de la Central de Bomberos, 1928, de Vicente Mendiola y Guillermo Zárraga con relieves de Manuel Centurión, fue adecuado respetuosamente en museo de Artesanías por Teodoro González de León.

Finalmente, es necesario reconocer la adecuada conservación de algunas obras gracias a la toma de conciencia de sus usuarios, como sucedió con el Conjunto Urbano Miguel Alemán,1949, de Mario Pani, cuando los inquilinos pasaron a ser propietarios. Dos casos afortunados relacionados con el paladín de la Arquitectura Internacional, Augusto H. Álvarez, son su taller de arquitectura, 1954, y su casa en San Ángel, 1959-61, puesto que este estilo es el que más menospreciado ha sido en la postrimerías del siglo pasado.

En esta apretada síntesis podemos agregar que muchas son aún las edificaciones que requieren ser restauradas o rehabilitadas para nuevos usos, lo importante es que tanto usuarios como arquitectos tomen conciencia de su valor. Además, debemos anotar un problema particular que aqueja a este periodo y su conservación, los materiales; efectivamente, en la última centuria se desarrollaron nuevos materiales a la vez que novedosas tecnologías, mismos que con el paso del tiempo comprobaron su poca o defectuosa durabilidad, lo que dificulta la restauración ya que no resulta económicamente viable reponerlos en vista del rápido deterioro que sufren. Tanto le debate de la autenticidad como la dificultad en conseguir el mismo componente, plantean controversias aun sin respuesta, como en el caso del remplazo de los marcos de fierro de las ventanas por elementos de aluminio, que tiene mayor duración aunque su aspecto difiere radicalmente.

Dentro de otro orden de ideas, resulta interesante hacer referencia al binomio historia de la arquitectura y publicaciones, para tener otra vertiente del problema de la adecuada conservación de la arquitectura del siglo XX. Efectivamente, el conocimiento de una obra de arte incide directamente en su defensa y protección, particularmente frente al público en general. Por ello es indispensable tomar conciencia que la arquitectura mexicana contemporánea contó con escasas publicaciones durante las siete primeras décadas del ese siglo. Además, la mayoría de estas demandaban un cierto grado de especialización por parte de los lectores, si tomamos en cuenta la dificultad inherente a armonizar en una sola presentación los aspectos tecnológico, social y artístico de la disciplina. Finalmente, no se puede soslayar que el carácter mismo de la arquitectura contemporánea, por lo que atañe a la austeridad formal, hace difícil su apreciación a base de fotos y planos para quienes no son arquitectos.

En la actualidad nos encontramos con numerosas publicaciones de las que solo algunas ofrecen una revisión analítica del hecho arquitectónico, destacando *La arquitectura mexicana del siglo XX*, coordinada por Fernando González Gortázar[12]. En mayor número se cuentan las monografías de arquitectos, que a pesar de no contar siempre con un estudio crítico, tiene la cualidad de recoger la obras de los creadores de ese periodo, contribuyendo con ello al conocimiento y aprecio de sus propuestas. En cuanto a los libros que se abocan a un estudio del patrimonio construido en ese siglo son casi inexistentes, ya que en muchos casos se trata de contribuciones tangenciales, como es el caso de la *Guía de Arquitectura Contemporánea de la Ciudad de México*, de Carlos Tejeda y quien esto escribe[13]. Resulta entonces particularmente interesante el reciente libro de Rodolfo Santa María, *Arquitectura del siglo XX en el centro histórico de la ciudad de México*[14], por acercarse de manera acuciosa al tema y abordar la dificultad de la conservación de las construcciones que constituyen más del 60% de un conjunto declarado Patrimonio Mundial de la Humanidad.

La arquitectura contemporánea y su conservación en México ha ofrecido una amplia grama de resultados, que van desde aciertos interesantes hasta terribles atentados en contra del patrimonio. Por una parte es importante aceptar su presencia en los centros históricos, no solo como deseable sino necesaria para mantener la vigencia y continuidad de estos espacios centrales; por la otra resulta fundamental tomar conciencia de su relevancia para implementar los mecanismos que la valoren y la protejan. Por ello debemos prestar mayor atención a su catalogación y análisis, para poder atender desde hoy a su protección, tanto de manera independiente como en diversas agrupaciones.
Este es el reto al que se enfrentan los profesionistas en la actualidad; se trata de un problema existente y cada vez más recurrente, por lo que resulta imperativo que los arquitectos y estudiosos conozcan a fondo la importancia de conservar no solo los inmuebles, sino el patrimonio urbano en su conjunto, y estén en posibilidad de dar las respuestas adecuadas para la arquitectura del siglo XX.

12. La arquitectura mexicana del siglo XX, CNCA, México, 1994.
13. Louise Noelle y Carlos Tejeda, Guía de Arquitectura Contemporánea de la Ciudad de México, Banamex, México, 1993; INBA, México, 2002.
14. Rodolfo Santa María, Arquitectura del siglo XX en el centro histórico de la ciudad de México, UAM-Xochimilco, México, 2005.

Louise Noelle* (México)

Nació en la Ciudad de México. Licenciada y Maestra en Historia del Arte, UIA y UNAM. Editora de la revista Arquitectura / México, 1976-1980. Investigadora del Instituto de Investigaciones Estéticas, Universidad Nacional Autónoma de México, UNAM , desde 1982. Miembro fundador del Comité Internacional de Críticos de Arquitectura, CICA, y de la Sociedad Mexicana de Críticos de Arquitectura, 1979. Miembro del Comité Mexicano de Historia del Arte, 1983 y del ICOMOS Mexicano, 1993. Cronista y Académica Honoraria de la Academia Nacional de Arquitectura, 1985. Miembro de Número de la Academia de Artes, 1991. Ponente en Congresos nacionales e internacionales, así como conferenciante y profesora en diversas universidades. Autora de los siguientes libros: Génesis de un Mural; Agustín Hernández, arquitectura y pensamiento; Arquitectos Contemporáneos de México; Ricardo Legorreta, tradición y modernidad; Guía de arquitectura contemporánea de la Ciudad de México; Crónicas de la Academia Nacional de Arquitectura I y II; Teodoro González de León, la voluntad del creador; Vladimir Kaspé, reflexión y compromiso; Luis Barragán, búsqueda y creatividad; Enrique del Moral, un arquitecto comprometido con México. Ha escrito más de cien artículos en publicaciones especializadas de México y del extranjero.

Capítulo III

Capítulo III

República de Cuba
Consejo Nacional de Casas de Cultura
Departamento de Informática

Alicia Lapenta* (Cuba)
Fotografías: Humberto Mayol*

Nuevas herramientas para el sistema de registro y salvaguarda de la cultura popular y tradicional sustentada en el protagonismo y participación popular

Desde el comienzo de la Revolución, la conservación del patrimonio, ha sido uno de los ejes de la política cultural de la República de Cuba
Rectorados desde el Ministerio de Cultura y la Dirección Nacional de Patrimonio, existen organismos que promocionan y regulan las manifestaciones artísticas en todo el país, acompañados en su accionar, con numerosos centros de investigación de la cultura cubana, entre ellas: el Centro de Investigación para la Cultura "Juan Marinello", la Fundación Fernando Ortiz, la Casa del Caribe, la Casa de las Américas, etc. En este marco, el Consejo Nacional de Casas de Cultura, tiene en sus manos la atención, estímulo y salvaguarda de la Cultura Popular y Tradicional cubana

Consejo Nacional de Casas de Cultura

¿Qué es?

Es un organismo del Ministerio de Cultura de la República de Cuba. Durante más de 35 años, las Casas de Cultura en Cuba, han sido la institución cultural de base caracterizada por la movilización de la población urbana y rural, en conjunto con las escuelas y la comunidad, hacia los procesos creativos de la cultura, a partir de las aficiones, el Movimiento Nacional de Artistas Aficionados, el fomento de la Cultura Popular y Tradicional, y los procesos socioculturales que en ella se gestan.

El trabajo conjunto de las Casas de Cultura, los instructores de arte, los especialistas del Centro de Investigación para la Cultura "Juan Marinello", y de otras instituciones culturales del territorio, hicieron posible la obra del Atlas Etnográfico de Cuba.

El resultado de este trabajo se revirtió en el quehacer de las Casas de Cultura fundamentalmente en cuanto al rescate, preservación y revitalización de manifestaciones y expresiones de la Cultura Popular y Tradicional. Así como también contribuyó a su promoción y reconocimiento.

Desde el sistema de Casas de Cultura, se generan los procesos participativos de apreciación, creación y promoción del arte y la literatura, el fortalecimiento del movimiento de Artistas Aficionados y la atención y promoción de la Cultura Popular Tradicional.

¿Cómo funciona?

Consiste en una red de Casas de Cultura (una a tres por cada municipio, más las casas comunales), una Dirección por provincia, y el Consejo Nacional de Casas de Cultura, con sede en La Habana, organismo gestor de la Cultura Comunitaria en el ámbito del Ministerio de Cultura de la República de Cuba.

Cada Casa de Cultura cuenta con tres especialistas o más, por cada manifestación: Artes Plásticas, Teatro, Música, Danza, Literatura y Cultura Popular Tradicional; especialistas de estudios socioculturales, comunicadores sociales y promotores culturales.

Responsabilidades

El sistema de Casas de Cultura, entre múltiples acciones, se particulariza por organizar y estimular a participar a la población, en todas las manifestaciones artísticas:

Música, Danza, Teatro, Literatura, Artes Plásticas y Artesanía.

Organiza y atiende:

- Talleres de Creación

- Grupos de Creación

- Unidades Artísticas

- Talleres de Apreciación

- Acciones de

  - Difusión

  - Sensibilización

- Promoción
- Participación
- Estímulo

Estas actividades se realizan en el ámbito de las Casas de Cultura, pero además y a través de sus especialistas, se atienden, supervisan y estimulan: en las escuelas y universidades, centros de trabajo, centros de salud, centros de atención especial (adultos mayores, discapacidad, etc.) en las prisiones, en las unidades militares, y locaciones de difícil acceso, generándose, a través de nuestras Casas de Cultura, una red cultural de oportunidades y participación, en toda la población del país.

El Consejo Nacional de Casas de Cultura, como parte de su extensa labor docente, atiende además, con sus especialistas provinciales y nacionales,

Foto H.M.

las 15 Escuelas de Instructores de Arte, que existen en el país. (una en cada provincia)

Nuestra Institución se desenvuelve entonces en el ámbito de la educación formal y no-formal ocupando un espacio de privilegio para los procesos de apropiación social del patrimonio. Esto se produce también por el trabajo de difusión e impacto que se logra desde nuestro sistema, llegando a todos los segmentos etarios y sociales; entre los cuales cabe destacar a los niños, jóvenes y padres de familia de las comunidades en las cuales se inserta a través fundamentalmente, de la Casa de Cultura como unidad institucional que llega hasta el habitante más alejado del territorio nacional. Siempre enlazando nuevas pedagogías y métodos; y ahora incorporando nuevas herramientas -provenientes de la informática y la comunicación-, para mantener vivas las memorias y tradiciones, y difundirlas entre los nuevos miembros de las comunidades, en el constante trabajo de mantener activa la cultura como pieza central de desarrollo, cohesión y activación social.

Genera y propicia : Concursos, Eventos, Encuentros y otras actividades de apoyo, intercambio y estímulo a la participación creativa en todas las manifestaciones de la cultura popular y tradicional, y para todos los segmentos poblacionales, que se realizan por cada Casa de Cultura, municipio, provincia, a nivel nacional e internacional; estos últimos, siempre en distintas localidades del país.

Pero su gran responsabilidad, es el Registro y Salvaguarda de la Cultura Popular y Tradicional
Este accionar enlaza así, en toda la población cubana, las tradiciones y la creatividad social, enfatizando el sentimiento de pertenencia, el incremento de autoestima cultural, y su desarrollo contemporáneo, con todos los beneficios de desarrollo sociocultural y económico que ello conlleva.

Nuevas acciones

Por eso hoy, utilizando técnicas provenientes de la comunicación, y la incorporación de la tecnología informática al servicio de la cultura popular y tradicional, y la salvaguarda del patrimonio cultural, ponemos un nuevo énfasis en el protagonismo de los transmisores de nuestras tradiciones, los portadores de la Cultura Popular Tradicional cubana, la población actora de este patrimonio.

Así, de este modo, estamos realizando el inventario sistematizado (sistema de registro en red nacional) de todas las acciones culturales, de todos los portadores de conocimientos ancestrales: como actores fundamentales de las Fiestas Populares, responsables de la existencia de unidades artísticas que continúan tradiciones familiares, depositarios de los conocimientos de transmisión oral, en cada manifestación de la Cultura Popular Tradicional.

Nuestro nuevo eje consiste hoy en fortalecer la tecnología al servicio de la sensibilización y participación; consolidando una red cultural popular informatizada desde cada Casa de Cultura.

Se trabaja desde la base, capacitando al personal técnico de cada Casa de Cultura, para el funcionamiento de una Base de Datos en línea; cuya información es provista y será ejecutada por la misma población. De este modo, además de realizar un Sistema de Registro informatizado, ponemos en acción el protagonismo de los ciudadanos en la identificación, salvaguarda y puesta en valor de la Cultura Popular y Tradicional de nuestro pueblo.

Estamos realizando el registro fílmico y fotográfico de todas las acciones culturales, los artesanos, fiestas populares y unidades artísticas de la Cultura Popular y Tradicional.

Y nos proponemos también el inventario y resguardo de las imágenes de archivo, institucional y particulares, que existieran.

Estas filmaciones y fotografías de personas y grupos portadores, fiestas populares laicas y religiosas, y manifestaciones propias de la historia viva cultural de Cuba, se están llevando a cabo cumpliendo un criterio de Registro Técnico insoslayable por cada temática y tipología.

Este Banco de Imágenes permitirá la realización de documentales sobre la Cultura Popular y Tradicional de Cuba, aportar al fondo bibliográfico para el trabajo de talleres de creación y apreciación que se llevan a cabo en y desde las Casas de Cultura, y alimentar programas de la televisión cubana, e internacional.

Fundamentación

La existencia real de un inmenso patrimonio cultural en las más diversas expresiones culturales –tangible e intangible-, que forman parte indisoluble de la vida cotidiana de la población de las comunidades en todo el país, y la voluntad política del Estado Cubano de salvaguardar dicho patrimonio, constituyen los fundamentos esenciales que impulsaron esta propuesta.

La necesidad interna y externa de participar de los rangos comunicacionales internacionales del mercado global, el reconocimiento de que la tecnología colabora con nuestros objetivos de consolidar redes culturales en nuestro país y

Foto H.M.

en relación con el mundo, y el reconocimiento de que nuestra presencia cultural en su producción endógena y su creatividad social, pudiera ser modelo de comportamiento como comunidad participativa, sólida, gregaria y de alta resistencia cultural en la conservación y transmisión de sus costumbres, mitos, creencias, modos de apropiación del ambiente, saberes adquiridos de generación en generación, constituyen también los otros pilares de nuestro trabajo.

Presencia competitiva en el mundo, reconocimiento y estímulos internos y viabilidad de generar economías genuinas en la comercialización ética y conservacionista de productos culturales y en el campo del turismo, también fueron variables estudiadas y atendidas en nuestra propuesta.

Informática para la cultura

Se decide incorporar al sistema nuevas herramientas provenientes de la informática y la comunicación, al efecto de optimizar la misión institucional y multiplicar acciones exitosas, tanto dentro como fuera del país. La incorporación del sistema a los flujos digitales, permitirá una presencia de gran fortaleza de la cultura popular cubana en el mundo, y en simultáneo la consolidación de una sociedad cada vez más gregaria, sustentada en el conocimiento y disfrute de sus valores culturales, y en el reconocimiento de sus actores y protagonistas.

Así, en el año 2001 se incorpora al departamento de informática, una especialista en patrimonio y gestión cultural, con conocimientos de informática y medios audiovisuales. El nuevo equipo conformado, comienza el diseño de las nuevas herramientas, que no son nuevas, pero sí con una nueva visión.

.
Diseñamos :

    1.- Base de Datos para red nacional y web.
    2.- Banco de Imágenes fijas y fílmicas
    3.- Banco Sonoro para música, literatura y conocimientos empíricos de tradición oral.

Son Archivos digitales interactivos. Estas son las nuevas herramientas de trabajo que por no contar con todo el equipamiento necesario para funcionar tal como se han concebido, se están llevando a cabo con cierta lentitud, pero sin pausa, con el equipamiento existente en cada municipio, provincia y Consejo Nacional.

Base de datos

Nos permite identificar e inventariar a todas las personas y grupos portadores de conocimientos transmitidos generacionalmente, organizado según el Sistema de Registro propuesto. También los aficionados a cada manifestación de la Cultura Popular y Tradicional. Es una base de datos que supera lo exclusivamente organizacional, que procura aportar a la difusión con mayor operatividad. Que enlazará, -cuando esté funcionando en toda su capacidad-, todos los Centros Provinciales y Casas de Cultura con el Consejo Nacional y otras instituciones del país a través de intranet, y del resto del mundo.

La información se está realizando desde la base. A cada Casa de Cultura se le brindan las instrucciones necesarias para el logro de los objetivos propuestos, en la plena conciencia de que además de un Sistema de Registro, se está realizando un programa de sensibilización colectiva referente al accionar de cada ciudadano, y su importancia en términos de consolidación de la identidad nacional, en la cultura popular y tradicional.

Cada Casa de Cultura lo realiza con su equipo local, al que se capacita con un curso introductorio y un Manual de Instrucciones realizado al efecto.

El Sistema de Registro, prevé no solo las particularidades necesarias en el orden temático y de valorización del patrimonio cultural, la identificación pormenorizada de "Personas Patrimonio" para CAB, "Tesoros Humanos Vivos" para UNESCO, etc, sino también las estimulantes, el reconocimiento al valor cultural, testimonial y creativo, en situaciones de : localidades de difícil acceso, discapacidad, conflicto social, adversidad económica, instituciones conveniadas, etc. Permitiendo de este modo tener un inventario pormenorizado de las personas aficionadas a las diferentes manifestaciones artísticas, y los portadores de culturas ancestrales, allí donde se encuentren, incluyendo en este registro, la detección de sitios y lugares significativos para la población, incorporando el concepto de patrimonio integral, en un mapeo nacional de patrimonio cultural y natural, más sentido por la población.

El Registro tiene como misión :

    1.- Organización y administración de la información sistematizada y actualizada del sistema de Casas de Cultura como organización integral nacional, con énfasis en la Cultura Popular y Tradicional Cubana.

    2.- Inventario sistematizado :
      - portadores de conocimientos ancestrales
      - personas aficionadas a las diferentes manifestaciones   artísticas

    3.- Reconocimiento, valorización, sensibilización y estimulación comunitaria

    4.- Detección de sitios y lugares significativos para la población.

Banco de imágenes fijas y en movimiento

Se está realizando el registro de todos los proyectos, festividades, acciones culturales y unidades artísticas del país, en todas las manifestaciones de la Cultura Popular y Tradicional.
Nos proponemos realizar el inventario y salvaguarda, de las imágenes de archivo: institucional y/o particulares que existieren.
Se ha realizado el diseño de escaleta para cada caso. El sistema de archivo de imágenes fílmicas y fotográficas, debe cumplir el criterio de información insoslayable para cada tipología de registro.

Banco sonoro

Estamos realizando el registro de música, cantos, literatura, creencias y conocimientos ancestrales existentes y vitales aún en nuestro país
En primer lugar, los correspondientes a la Cultura Popular Tradicional, no solo por su valor testimonial, sino además por su situación de riesgo. Eso significa, que dentro de los soportes de archivo, estamos realizando el Banco Sonoro digital de los testimonios de la Cultura Popular y Tradicional en los campos de la Música, Canto, Literatura y conocimientos de transmisión oral

Estos registros o bancos, no solo se conciben desde el resguardo de la memoria, es también promoción, sensibilización, estimulación, apertura de la información a la mayor cantidad de usuarios activos y potenciales en la comunidad, ahora estructurada en redes de conocimiento común, acción y cooperación sociocultural.

Uno de los alcances de esta modalidad de trabajo, es la democratización del conocimiento. Todos sabemos algo, todos somos importantes.
El portador de conocimientos ancestrales se equipara hoy al investigador, en igualdad de rango y prestigio social y cultural. Hemos devuelto el rol protagónico a la población actora de nuestro patrimonio vivo, los depositarios de conocimientos ancestrales, los que con sus saberes conforman nuestra Cultura Popular Tradicional
Este fortalecimiento de los principales actores y depositarios de conocimientos ancestrales, también reivindica el valor del anciano y lo enlaza con el mundo joven en una nueva dimensión.
De aquí surgen entonces los proyectos y programas en los medios de comunicación masiva para la difusión de la producción de la Cultura Popular Tradicional cubana, cuyo segmento objetivo es fundamentalmente los adolescentes y los jóvenes, realizados a su vez por jóvenes que comprenden y conocen el modo comunicacional necesario.

La informática aplicada a la cultura, desde nuestro sistema, es el procedimiento inverso del que produce la televisión, que genera múltiples ciudadanos como receptores pasivos. Hoy pretendemos revertir esta ecuación, convertir a múltiples ciudadanos en múltiples emisores, todos de igual rango, que emiten información como actores activos y tributando a un sistema de información en red nacional, que luego les devolverá la información procesada y resguardada, estimulando a más participación, generando corrientes de estímulo y reconocimiento, compartidas.
Nuestro nuevo eje es fortalecer la tecnología al servicio de la sensibilización y participación, consolidando una red cultural popular informatizada, desde cada Casa de Cultura; abriendo el espectro a nuevas economías provenientes de una comercialización ética y conservacionista, en los campos de los medios comunicacionales y el turismo especializado.
Nuestra institución no cuenta con un gran presupuesto, pero sí con profesionales capacitados y de dedicación exclusiva en todos los Centros Provinciales y en todas las Casas de Cultura.
Conocemos el valor del trabajo que estamos llevando a cabo; nos estimula la respuesta popular, que a diario nos brinda y participa en la búsqueda de información, aporta material de archivo familiar, nos facilita los viajes de trabajo y registro, y nos preguntan todo, todo el tiempo.
En la tarea de relevamiento fílmico y sonoro, cada poblador nos brinda su casa y lo que tiene, cada portador nos ofrece su conocimiento, y así pueblo a pueblo,

casa a casa, con pocos medios materiales, con calidad profesional y sobre todo alta participación y compromiso popular, continuamos nuestro trabajo.

Alicia Lapenta*

Arquitecta. UNLP. Master en Cultura Argentina. INAP. Master en Políticas y Gestión Cultural. INAP. Master en Planificación Territorial y Animación. Sociocultural. IMAE Barcelona. Master en Políticas y Gestión Turística. UNLP. Miembro de ICOMOS. Se desempeñó en la función pública y como asesora de varios municipios de la Provincia de Buenos Aires. Fue Coordinadora y docente de la Carrera de Turismo del Instituto Nacional de Educación Superior de Azul. Ha recibido numerosos premios y distinciones nacionales e internacionales. Desde 1999 trabaja en la República de Cuba; actualmente se desempeña en el Consejo Nacional de Casas de Cultura, CNCC, Vicepresidencia de Comunicaciones, Dirección de Informática para la Cultura; tiene a su cargo el área de Gestión del Patrimonio y Medios Audiovisuales. Su trabajo en Cuba, ha recibido en dos oportunidades el Premio "Somos Patrimonio" que otorga el Convenio Andrés Bello para organizaciones gubernamentales, en el año 2000 y en el año 2004.

Humberto Mayol *

Licenciado en Periodismo. Universidad de La Habana, Cuba. Actualmente fotógrafo del Ministerio de Cultura de Cuba y además realiza una obra personal donde sus temas giran alrededor del hombre y su universo, así surge el Proyecto Los Santos de la Calle que trata el tema de las religiones populares de origen africano y sus sincretismos con la católica. Es miembro de la Unión de Escritores y Artistas de Cuba (UNEAC) destacándose por su obra creativa como fotógrafo. Ha participado en más de 60 exposiciones, tanto en Cuba como en los Estados Unidos, Europa, Japón y Latinoamérica. Ha recibido más de veinte premios por su trabajo fotográfico. Su obra se encuentra en diversas colecciones como la Fototeca de Cuba, Museo de Bellas Artes de Houston y Museo Southeast de Florida, Estados Unidos, Museo de Arte Moderno de Santo Domingo. República Dominicana, entre otras. También sus fotos aparecen publicadas en el Libro Cuba. 100 años de Fotografía, Editorial Mestizo, España, Libro Les Années Cuba. Editions de l'Aube, París, Revista Aperture. New York y Revista Foto Imagen, Miami, Estados Unidos, entre otras publicaciones. Entre 1995 y el 2000 vivió en Caracas, Venezuela, donde impartió talleres de fotografía en la Universidad Simón Bolívar. También trabajó para diarios como El Nacional, agencias de publicidad y para la Contraloría de la República de Venezuela en la realización de un libro sobre esta institución. Entre los años 1980 y 1995 en la Prensa Cubana. Fundador del Periódico Tribuna de la Habana y posteriormente foto reportero y jefe de Fotografía de la Revista Bohemia. Colaboró además, con otros periódicos y revistas nacionales.

Capítulo IV

Foto H.M.

Capítulo IV

La Habana,
una diferente propuesta de gestión.
Propuestas de intervención

Jorge Luchetti*
Guillermo García

Reseña histórica

La Habana tiene una herencia cultural en su centro histórico y alrededores, de una riqueza indiscutible, que se fue desarrollando a través del tiempo y que va desde principios del siglo XVI hasta la primera mitad del siglo XX.

Es interesante saber, que en esta ciudad, desde los años veinte, hubo un interés muy especial por la conservación del patrimonio cultural del casco histórico, que luego se extendió a los lugares más recónditos de la metrópoli.

Las oficinas del restaurador, fueron las responsables de la proeza reconstructora del sector antiguo en una primera etapa, luego esta entidad pasó a llamarse, Oficinas del Historiador de la Ciudad, ampliando el ámbito patrimonial a diferentes áreas de la Habana, incluso, a otras ciudades, del país.

Pero tengamos en cuenta, que entre 1961 y 1980, solamente se ejecutaron, unas pocas intervenciones, recién en 1981 se realizó el primer plan de restauración del Centro Histórico y es así que en 1982, La Habana fue declarada, por la UNESCO, Patrimonio de la Humanidad, incluyendo en esta protección las fortificaciones de la bahía, y las construcciones posteriores a la demolición de las murallas coloniales.

En el período ulterior a éste, o sea desde 1981 hasta mitad de los años 90, más de 60 edificios fueron recuperados para la ciudad. Muchos de los proyectos, como las fortificaciones, el Morro y un variado número de monumentos, fueron subvencionados, para su recuperación, por las fuerzas armadas

Foto H.M.

revolucionarias, aunque después de la caída del bloque soviético en 1989, la economía del país se vio afectada de tal forma, que muchos de los propósitos de restauración fueron suspendidos.

Recién en 1993, con el apoyo de entidades españolas, más el aporte logrado con la explotación turística, la idea de recuperación del patrimonio siguió su camino.

Así la Oficina del historiador de la Ciudad, obtuvo mayores facultades, incluyendo en sus tareas la reanimación cultural y social de su entorno. Esto ayudó también a la necesidad de ampliar el Departamento de Arquitectura, involucrándose en distintos sectores de la ciudad.
Hoy la necesidad de seguir las vías de la recuperación patrimonial sigue siendo el camino al éxito, ya que ha abierto las puertas del crecimiento, no solo económico, sino también social.

"La Habana, no es solo un vestigio urbano, sino también un importante laboratorio social"

Como primera medida, cabe señalar que el "Plan La Habana", a diferencia de otros emprendimientos donde las ideas especulativas han desvirtuado los objetivos, muestra que aquí se ha sabido mantener el carácter sensible y la idea de proyecto social que tanta necesidad ha demandado.

Ahora bien, en toda administración de gestión, existe sin duda la necesidad de ir planteando los objetivos a seguir, y para ello es necesaria la práctica intelectual que nos debe acercar a ese propósito. Es por eso que cada actividad programática, no puede menos que arrastrarnos a un orden y objetivo preestablecido.

Así en la recuperación de la Ciudad Vieja, La Oficina del Historiador de la Ciudad, junto a todos los demás organismos participantes, tuvieron la facultad exclusiva de organizarse y de educar al hombre, aún cuando la conducta en general de toda la sociedad difícilmente se involucra, cuando se va más allá de lo que resulta simplemente ventajoso, o redituable.

La ciudad de la Habana, se encuentra implicada dentro de un país, con una problemática de política internacional, que en muchos casos provocó la postergación en parte de su crecimiento, sin embargo su gente ha sabido encontrar nuevas estrategias que aportaron en la revitalización del patrimonio cultural y que a su vez fue abriendo las puertas a los especialistas en la materia y a la formación de los mismos.

En este plan estratégico, de recuperación, documentación y relevamiento, en cada obra patrimonial, ha sido de vital importancia, lo que a su vez sirvió para definir los diferentes grados de protección, que cada obra necesitaba, como también ayudó a precisar las técnicas y los distintos caminos de intervención a realizar. Parte del éxito de esta gestión estuvo en manos del uso de tecnologías actualizadas y recursos humanos entrenados para estas tareas, generando así soluciones a las problemáticas existentes.

El Hombre y el patrimonio

De las edificaciones en ruina, ocupadas por residentes de bajos recursos, que habitaban dentro de edificios de gran valor patrimonial, la problemática se dividió en dos, por un lado, la necesidad de encontrar un hábitat adecuado a aquellos residentes menesterosos, y por el otro, la urgencia de salvar aquellas reliquias arquitectónicas que forman parte de la historia de la ciudad.

Foto H.M.

Foto H.M.

En primer lugar se logró que los incipientes beneficiarios fueran aquellos hombres pertenecientes a sectores sociales marginados o segregados, que encontraron nuevas soluciones a sus problemas, a través de la recuperación de una vivienda digna, como parte del plan urbano para la ciudad.

Por otra parte la rehabilitación del casco histórico de la Habana, ha servido para que los demás sectores sociales, se involucren también en este rescate a través de diferentes temas, como fueron, el fomentar el comercio, el turismo, etcétera.

También debemos aseverar, que una de las premisas fundamentales de la gestión patrimonial consiste en informar acerca de su significado y la facultad sobre los temas de conservación tanto a la sociedad lugareña, como a los viajeros que visitan la urbe recuperada. Aunque, sin lugar a duda las funciones fueron cambiando y hoy los planes sociales son la piedra angular de la función patrimonial, es por eso que la Dirección de Restauración contempla, la reparación de escuelas, hospitales y viviendas, como tema prioritario.

Si bien en un principio el proyecto de revitalización, había ocasionado algunas dudas en muchos de los residentes y más allá de que los beneficios a la población eran mayormente de carácter general que individual, la aprobación del proyecto por parte de los lugareños fue unánime.

Foto H.M.

Programa de recuperación

Se hace difícil entender, que en muchos gobiernos latinoamericanos y del Caribe, el tema de la recuperación de la ciudad no es contemplado, como un recurso de carácter social, de allí que en variadas ocasiones la degradación del patrimonio haya llegado a situaciones límites, lo que en muchos casos nace del desconocimiento de los caminos necesarios para su recuperación.
No sucede lo mismo en la ciudad de la Habana, cuya política de preservación ha mostrado una gran eficiencia en las tareas de recobro urbano.

Dentro del programa de recuperación de esta ciudad, se han preparado profesionales experimentados y adiestrados, en las diferentes especialidades, ya sean: sociólogos, historiadores, arqueólogos, arquitectos, químicos, ingenieros, etcétera, obteniendo una capacitación adecuada en cada una de las cuestiones.

Incluso se han rescatado y revitalizado, edificios, como: **El Museo de Arte Sacro** o **El Conservatorio de Música de la Ciudad**, a través de **La Escuela Melchor Gaspar de Jovellanos**, donde se siguen instruyendo artesanos, en la labor de restauración de los mismos. Todo esto ha colaborado en la existencia de un mayor interés por parte de entidades, como para este caso en particular, realizado por las comunidades de Asturias, Madrid y Ca-

Foto H.M.

narias, entre otras, que terminaron asistiendo, en el plan de recuperación de la metrópoli.

Lo interesante de la propuesta, es que también existe un cronograma calificado por cada área. O sea, si bien la Oficina del Historiador, es garante de la totalidad de los temas de preservación, a su vez derivó parte de las responsabilidades a diferentes direcciones que supieron atender las distintas problemáticas que iban surgiendo, así por ejemplo la Dirección de Arquitectura Patrimonial, formada en un principio por aproximadamente unos 50 profesionales altamente capacitados, se hicieron cargo, de los edificios de protección I y II, e incluso de aquellos edificios con problemas estructurales; sucedió lo mismo con la Dirección de Proyectos, formada por profesionales especializados, que se encargaron de la rehabilitación de edificios con cualquier tipo de complejidad. También se creó la empresa de Restauración de Monumentos, dedicada primordialmente al rescate de edificaciones perdidas y de la   recuperación de materiales originales, buscando el criterio a la autenticidad, en cada obra. Finalmente se puede incluir la idea de capacitar en este caso a una empresa constructora, en tareas de restauración y de protección, del tipo III y IV.

Así la gestión y administración del patrimonio cultural, de la Habana, documentó y catalogó, todas aquellas obras, ya sea por su significado o por su valor histórico. El mismo plan supo reutilizar aquellos edificios, previo a su

Foto H.M.

recuperación, proporcionándole un carácter social a su función, de esta forma, por ejemplo el **Convento de Belén** fue transformado en asilo de ancianos, o también está el caso de la reutilización de viejas viviendas del centro de la ciudad, las cuales se recuperaron en búsqueda de obtener también un carácter social de las mismas.

Pautas seguidas en la recuperación Habanera.

•Ha sido de fundamental importancia, en el caso de la rehabilitación del patrimonio habanero, el mantener la legitimidad y autenticidad de cada una de las obras a intervenir.

•Las intervenciones estructurales, se han realizado con el mayor cuidado, realizando el relevo parcial de aquellos elementos en que era indispensable el cambio, contemplando la especialidad original de la obra.

Foto H.M.

• Una de las premisas a seguir fue la de hacer imperceptible todo tipo de intervención, dentro de lo posible, evitando eliminar cualquier aporte histórico que la obra conservase.

• En las Oficinas del Historiador de la Ciudad, como primera medida, se han dedicado a comprender la obra por su valor histórico y en el caso en que se creyó conveniente, se ha realizado su restauración. De la misma forma se trató la conservación de todo el casco histórico, incluyendo el rescate de la morfología urbana y arquitectónica.

• Previo a cada intervención, se ha asimilado y creado la documentación precisa, a través de documentación gráfica, que muestra el desarrollo desde el inicio hasta el final de la intervención.

• De la misma forma se realizó un catálogo e inventarios donde se hace una descripción del historial de la obra y sus características más particulares.

• También se estableció un programa determinado, para el mantenimiento de los bienes de interés cultural, en las mejores condiciones tanto en la generalidad de la obra como en su funcionalidad.

•También se incorporó la idea de proyecto sostenible, obteniendo recursos a través de sus capacidades turísticas, comerciales e inmobiliarias.

Como reflexión valen aquellas palabras del arquitecto, Ramón Gutiérrez:

"Nosotros no podemos recuperar los centros históricos para los que se fueron, no debemos recuperarlos para los turistas, debemos recuperarlos para la población."
Para finalizar Luigi Pareyson, nos enriquece con su reflexión:

La auténtica innovación ha de ser algo que merezca la pena que se haga, es decir, no lo nuevo por lo nuevo, sino lo original, y la verdadera conservación ha de ser algo que valga la pena mantener, no el pasado por el pasado, sino el pasado ejemplar. Así la existencia del valor demuestra que la originalidad y la ejemplaridad coinciden y, por tanto, la innovación y la conservación pueden tener el mismo objeto; y la posibilidad de un ejercicio simultáneo de conservación y de innovación es lo que realiza precisamente la tradición.

Montevideo –
Plan de ordenamiento territorial 1996 –2005

Jorge Luchetti*
Fotografias: Eduardo Montemuiño*

El ejemplo montevideano

Del otro lado del río, Montevideo se abre al mundo como ciudad-puerto, donde transitan miles de viajeros, en busca de su tradición y de aquellos lugares que le han dado identidad a esta ciudad. Pero como todas las grandes urbes, a través del tiempo, ha venido sufriendo un deterioro, tanto en su estructura urbana, como en su calidad ambiental, producto de la vorágine del progreso, Montevideo fue ingresando en un deterioro tal, que la llevó en busca de un plan de salvación.

Así nació a mediados de los años 90, lo que se conoce como **Plan Montevideo**, digno ejemplo de estrategia, tanto por su sistema de recuperación, como

La Catedral de Montevideo (Foto E.M.)

Arriba izq. Edificio Plaza de Gagancha, der. La Rambla bordea el barrio
Abajo izq. Puerto, bahía y cerro de Montevideo, der. Festejos del Día del Patrimonio (Fotos E.M.)

por sus propuestas de gestión, que junto con el proyecto de rescate de Quito y de la Habana, se puede encuadrar dentro de los   ejemplos más representativos en América y que nos pueden ayudar a entender cuáles deben ser los caminos a seguir para la preservación del patrimonio histórico y urbano de las ciudades latinoamericanas.

Todas las ideas, una idea

El primer punto a destacar de este plan pasa por la idea de recuperación en forma integral del área metropolitana y de los alrededores de la ciudad. Esto lo diferencia a su favor de aquellos proyectos puntuales que terminan siendo inconexos con el resto de la ciudad y de su propio entorno, llevando todo al fracaso. De allí que por ejemplo, el **Plan Montevideo**, contempló la reestructuración de todo el sector de la bahía en forma conjunta, incluyendo la recuperación del Arroyo Miguelete (afluente más importante de la ciudad) y los barrios aledaños. De la misma forma que la Ciudad Vieja, tuvo que reestructurarse a partir de su vinculación con el propio centro, Pocitos, etc.

En la carta de intención de esta propuesta se buscó, como objetivo primordial el desarrollo y modernización de la ciudad, preservando su identidad y los lugares típicos, que hacen al paisaje de la misma. En general se plantearon puntos prioritarios, como el de la calidad ambiental, la relocalización

Arriba izq. Espectáculo de danza en el día del Patrimonio 2007, der. La rambla de la capital.
Abajo izq. Plaza de la Constitución, der. Plaza Independencia. (Fotos E.M.)

de asentamientos, la refuncionalización de industrias, y equipamientos, etc. De esta forma se diferenciaron áreas estratégicas, con la intención de preservar los barrios con tradición, dentro de la misma ciudad y donde también se debieron elaborar instrumentos, que permitieran instaurar los diversos grados de protección a aplicar. Por otra parte, a los municipios se les dieron atribuciones, que les permitieron actuar como contralores o coordinadores de los temas que estuvieran relacionados con la conservación patrimonial, y a su vez quedaran interrelacionados con organismos nacionales. Pero en ningún caso toda esta política de preservación podría dejar de atender su relación con el pasado, ni tampoco invalidar la idea de progreso, para la propia ciudad.

Este programa de recuperación, se basa en las Cartas de Conservación Patrimonial, donde por ejemplo la idea de **"monumento"**, no solo se refiere a elementos arquitectónicos aislados, sino que asimismo quedan circunscritos aquellos sitios urbanos o rurales con identidad propia. De la misma forma que no solo se considera monumento a una obra arquitectónica por su magnitud sino que quedan incluidas aquellas consideradas de carácter modesto, en las que se puedan incluir valores históricos, de conjunto, etc.

Por otra parte, el pensamiento de sustentabilidad, es un punto crucial dentro del propio plan, buscando concientizar, tanto a los inversionistas priva-

Teatro Solís, icono de la cultura montevideana. (Foto E.M.)

dos, como a la misma sociedad, lo cual seguramente, al ir adquiriendo un mayor grado de conocimiento sobre el tema, implicaría a la vez, una mayor identidad colectiva.

El financiamiento del programa

No es difícil de entender la postura del Banco Interamericano de Desarrollo, con respecto a las políticas de financiamiento, después de las experiencias en parte negativas, que se dieron en Bahía (Brasil) y en Santo Domingo, así como también en Argentina donde los resultados esperados para la recuperación de las aguas del Riachuelo, fueron un rotundo fracaso. El Banco ha cambiado su política fomentando nuevos caminos, por ejemplo el de las sociedades mixtas, entre públicos y privados, del cual ya comenzaron a aparecer los primeros resultados.

En el plan Montevideo, la fusión de públicos y privados, fue un ejemplo de una de las formas, de como se deben solventar estos proyectos, no solo de manera momentánea sino también pensando en un camino sustentable para el futuro. Las pautas debieron ser lo suficientemente explícitas, como para que los entes públicos o los inversionistas privados, no se sobrepasaran unos a otros, teniendo en claro cuál es la esfera que ocupa cada uno.

Un ejemplo característico, dentro del propio plan, es el de la recuperación de la **Estación General Artigas**, donde los agentes mixtos, público-privado dieron su mejor resultado.

Para ello el Banco Interamericano de Desarrollo (B.I.D.) decidió desembolsar una suma importante de dinero, para la rehabilitación de la Estación Central y su patio de maniobras junto con los sectores aledaños, como es el barrio **"La Aguada"** que hasta ese entonces al igual que la estación y el patio de maniobras, se encontraban sumamente deteriorados.

Mediante el método de ***captura de valor de uso***, la adquisición estuvo en manos de inversionistas privados, que en forma de concesión se hicieron cargo de la terminal ferroviaria, invirtiendo en un complejo cultural, comercial y recreativo, previa aprobación de los organismos responsables de la conservación patrimonial. Así también, con el uso de capitales privados, en el área comprendida por el patio de maniobras, la idea fue la de realizar inversiones inmobiliarias de uso residencial.

La idea de inversión que apoya el (B.I.D.), apunta principalmente a financiar a través del Gobierno Central, la recuperación del edificio patrimonial, para luego ser dado en concesión, para uso comercial, cultural y de recreación.;Así también se incluiría la recuperación de la Aguada, por parte del municipio y a través del Banco.

De todo este análisis se desprende, sin lugar a duda, que la mayor participación de inversiones, estuvo en manos de capitales privados, capturando el valor de uso durante los quince años restantes; y con respecto a las inversiones públicas, que debían ser solventadas por el B.I.D., el mismo Banco advertía que solo se llegaría a realizar el desembolso para el préstamo, una vez que se aseguraran la participación y el compromiso de los capitales privados.

Diferentes propuestas dentro del plan

La Ciudad Vieja

Es el corazón patrimonial de Montevideo, si bien sufrió un proceso de rápida degradación, ninguno de los diferentes sectores de esta área, llegó a perder su identidad. Sin duda la Ciudad Vieja, es identificable no sólo por su morfología urbana, sino también por su valor histórico. El damero colonial, con sus manzanas de aproximadamente 86 metros de lado y calles de10 metros de ancho, son las características urbanas más substanciales, ya que las mu-

Yaguarón y 18 de Julio, cruce dominado por un edificio de rentas conocido con el nombre de café Montevideo, también ya desaparecido hace décadas. (Fotos E.M.)

rallas coloniales, que eran uno de los elementos más significativos del lugar, fueron derribadas en los primeros años de la república.

El tema de la rehabilitación arquitectónica requirió de tratamientos puntuales, como fue la recuperación del Teatro Solís o el Viejo Hotel Colón hoy sede del B.I.D y también de áreas parcialmente abandonadas, como el sector de las Bóvedas, donde se utilizó una gestión a nivel cooperativa de ayuda mutua, que sirvió para la instrumentación de viviendas sociales, logrando de esta manera fusionar, los valores patrimoniales de la arquitectura, con los objetivos sociales. Asimismo se logró, a través de un acuerdo tripartito entre el Municipio, el Ministerio de Vivienda y el Banco Hipotecario del Uruguay, la subvención del programa.

Las empresas privadas, junto con la comunidad y los sectores sociales y empresariales, han tomado también la iniciativa, para la recuperación de lugares como el de la feria de antigüedades y los diferentes paseos culturales.

Esto llevó a que se produjera un crecimiento, en rubros de tipo gastronómico o actividades recreativas y culturales, provocando de esta forma, el crecimiento de nuevos circuitos como los de las calles: Sarandí, Bartolomé Mitre, sector del puerto, etc, induciendo así una nueva movida cultural en el centro viejo de la ciudad. Por otra parte, entendamos la importancia de la Ciudad Vieja, que ha sido elegida por aquellas instituciones culturales, nacionales o internacionales, para radicarse, con la intención de recuperar los edificios cuyo valor patrimonial sea de importancia, incluso esto propiciaría indefectiblemente una mejor relación del puerto con la ciudad.

El Centro y la 18 de Julio

La recuperación del centro de la ciudad, se mostraba como indispensable para que la conjunción de todo el plan diera el resultado efectivo.
El tramo principal ocupa un área que comprende la avenida 18 de Julio y su entorno inmediato.

La desvalorización de este sector de la metrópoli, responde principalmente a su difícil acceso, lo que a su vez provoca una depresión de la actividad comercial, incluso una pérdida de competitividad en el área céntrica de la ciudad.
Es de importancia entender que la avenida 18 de Julio, la arteria más importante de Montevideo, sigue concentrando la mayor cantidad de edificios institucionales y también a esto se agrega, el mayor aporte cultural que se pueda encontrar en la ciudad, lo que provoca una demanda del terreno, superior a otros sectores aledaños.

También confluyen en este lugar los hoteles más importantes, los lugares para el cambio de moneda, etc., con la consabida importancia para el quehacer turístico.

La accesibilidad peatonal y vehicular fue una de las primeras intervenciones que se debieron realizar, por ejemplo el tramo que va desde plaza Fabini, hasta plaza Independencia. También se debieron tener en cuenta temas como el de la calidad ambiental o el mantenimiento de la oferta cultural y comercial ya que ése sería el puntapié de inicio para atraer a los capitales privados y de esta forma lograr despertar interés por el lugar.

En este caso, la intención en el plano físico, pasaba principalmente por aumentar las áreas peatonales, homogenizar e incrementar la tecnología del mobiliario urbano, eliminar los elementos físicos que obstaculizaban la vista del lugar, para revalorizar el trayecto.

La regulación de entrada al área céntrica por parte de automotores, solucionaría los problemas de polución, como también se implementarían nuevas propuestas con respecto al tránsito, lo que ayudaría a disminuir su circulación por el sector céntrico. Estas medidas serían a la vez el camino para intentar la recuperación de aquellos sectores urbanos donde los valores

Palacio Salvo

Edifico Centenario. (Fotos E.M.)

patrimoniales fuesen importantes y dignos de atender, y por otro lado las actividades económicas, turísticas, financieras y recreativas volverían a tomar un nuevo impulso.

La Bahía de Montevideo

En una extensión de aproximadamente unos doce kilómetros, se desarrolla esta bahía, la cual a lo largo de los años fue tomando un valor preponderante, donde se llevaron a cabo las actividades más relevantes de la época.

Dentro de esta franja urbana, se encuentra el parque y la playa Capurro, que se vincula, con el estuario y el arroyo Miguelete que desemboca en éste. Capurro fue por muchos años uno de los balnearios más importantes de la ciudad, con el tiempo a este sector se adosaron algunos barrios obreros, los que hicieron cambiar la fisonomía de la zona. También cabe mencionar el surgimiento de industrias durante el período de auge industrial que vivió toda Latinoamérica, de allí la aparición de instalaciones de Usinas Eléctricas, refinerías de diferentes combustibles, industrias frigoríficas, etc.

Años después, se situaron en el lugar algunos clubes deportivos, como el Nacional de Regatas, el Rowing y el Guruyú, aunque posteriormente a los años 20, la aristocracia   montevideana emigró hacia el este; también lugares como la Aguada, Capurro y La Teja se vieron afectados por la contaminación, lo que ayudó en gran medida a consolidar esta emigración.

Por último aparece el puerto, junto con sus muelles, depósitos y barracas que, fronterizo con las industrias antes mencionadas formaban el cordón industrial más importante del país. Pero todo este terreno a través de los años se transformó en algo obsoleto, por diferentes causas. La reestructuración de la industria junto a las actividades portuarias más la suma de otras variantes llevaron a que muchos de los lugares pasaran a estar en desuso aproximadamente a partir de los años ochenta, lo que incrementó el deterioro de la faja costera, al cual se le sumaron elementos contaminantes en los espejos de agua y en los arroyos Miguelete y Pantanoso, junto con desperdicios industriales, sin tratamiento previo, provocando un caos ecológico en toda la zona.

El Camino de recuperación de la Bahía: Todo esto ha dejado un sin sabor al lugar. Recién pudo entreverse una salida, con el plan de recuperación de la Bahía, a fines de los años 90.

Si bien el quebranto del sector es importante, sus potenciales naturales, su estratégica ubicación urbana y su excelente accesibilidad, hicieron aún más rentable el proyecto.

Además hay que incluirle la recuperación ambiental del lugar y la disponibilidad para construcciones de terrenos en desuso de muchas de las empresas que entendieron la posibilidad de mudarse a otros lugares, en predios de menor valor de mercado, dejando los terrenos de la bahía para nuevas propuestas que se verán aventajadas por encontrarse en las proximidades del casco central de la ciudad.

Parque Capurro o Plan Fénix

Un ejemplo, más que interesante, corresponde a la remodelación de la franja urbana del parque Capurro. La idea principal estaba asentada en la venta de la cancha del club Fénix, y en el suelo municipal se realizaría la construcción de viviendas, cuyas ventas ayudarían a solventar los costos para la recuperación del parque. De ahí que el municipio propiciara costo "o" para los vecinos, ya que con la venta de los terrenos que ocupaba la cancha, se obtendría la recuperación del parque, e incluso el recobro de sus playas y el muelle de Bella Vista.

También surgió la idea de incorporar más espacios verdes al área y crear una mejor accesibilidad que vinculara al lugar con el centro de la ciudad.

Con respecto al tema del parque, su recuperación fue pensada en forma inicial

La Torre de la Comunicaciones

La peatonal Sarandí. (Fotos E.M.)

en el sector alto de la ciudad, tratando de mantener su especie arbórea e incluso ampliando la entrada al mismo. También el viejo hotel del distrito casi abandonado, fue recuperado por capitales privados, para su aprovechamiento como parador, y en la línea entre las terrazas y la cancha se proyectó construir una pista de patinaje, como para incorporar un sector recreativo, con el beneficio que esto tendría para la comunidad.

El arroyo Miguelete y la recuperación de sus márgenes

Este arroyo, que nace en las cuchillas de Pereira, tiene un recorrido de aproximadamente unos 113 km y desemboca en la bahía, siendo el principal curso de agua del lugar. Dentro del departamento de Montevideo, su extensión se reduce a unos 22 km.

A principios de siglo las márgenes del arroyo han servido como lugar de recreación y de acontecimientos deportivos. Luego el proceso de contaminación y la expulsión de desechos sobre el propio arroyo, por parte de asentamientos irregulares y algunas industrias contaminantes, han deteriorado en forma ambiental todo el sector lo que provocó que aquellos espacios de regocijo fueran desapareciendo.

Tanto el arroyo como la bahía, han sido protagonistas del tema de la contaminación y había que tener en cuenta que cualquiera de éstos que no fuera atendido involucraba al otro. Para ello se necesitaron de acciones conjuntas de entidades municipales, estatales y privadas, para que en forma contigua, encontrasen una solución sustentable a través del tiempo.

Dentro del plan de regulación para el arroyo, tres puntos eran el objetivo básico, principalmente las intervenciones deberían ser fuertes en distintos rincones del recorrido, se debió establecer una ordenación urbana, creando áreas de régimen específico, y por último se debió dejar en claro los sectores de parques y jardines y la necesidad de un progresivo equipamiento para el lugar.

El enfoque principal de esta parte del programa tenía como objetivo el recobro de diferentes barrios adyacentes al arroyo, incluyendo también la reubicación de aquellos asentamientos irregulares.

Los diferentes tramos del arroyo hasta su desembocadura van acusando diferentes problemáticas, así el área rural que va desde el nacimiento del afluente hasta el camino Carlos A. López, se caracteriza por sus valores paisajísticos y topográficos con su esplendorosa vegetación y su vista sobre la ciudad. En la porción correspondiente al parque del Norte, donde se mezcla la traza urbana con la rural se establecen áreas deportivas y recreativas de escala departamental. El trecho que le sigue desde el parque hasta el cementerio, parece el lugar más conflictivo, ya que es el sector donde más desechos se han vertido, incluso donde mayores asentamientos se han debido relocalizar, de allí la idea de incorporar instituciones como clubes sociales y recreativos que a la vez se ven en la necesidad de velar por la seguridad ambiental del lugar. En el trayecto central del arroyo donde el espejo de agua se cruza con el boulevard José Batlle y Ordoñez, se pueden ver las mejores vistas del lugar, aunque sus bordes se encontraban muy afectados, con parte de los asentamientos que se hallaban en la zona. Pero el mejor sector corresponde al del Prado, siendo el área verde más importante del lugar y en mejores condiciones, si bien esto no representaba que no se realizaran operaciones de limpieza y mantenimiento. Esto incluye la recuperación del Hotel del Prado, afirmando un polo cultural, conformado por el museo Blanes y el espacio Barradas en el cruce con la avenida Millán.

Finalmente en el último recorrido del arroyo hasta su desembocadura en la bahía, más conocido como Paso Molino o Capurro, es donde aparece el proyecto de realizar un paseo a los lados de la vertiente, como así también la creación de un polo recreativo vinculado a este espejo de agua en su desembocadura.

También se estudió la idea de la reubicación de aquellos asentamientos irregulares del lugar, estableciendo en la zona correspondiente a la estación Yatay la importancia de ser incluidos en este programa cultural.

Intervención en distintos sectores de la ciudad

Villa Colón (Lezica)

La zona de villa Colón, también conocida como Lezica, está incorporada dentro del plan de recuperación de Montevideo. Fue hacia finales del siglo XIX y parte del XX una de las zonas preferidas por la sociedad montevideana, como lugar de descanso y recreación.
Toda la zona se encontraba rodeada de frondosas arboledas y señoriales mansiones, habitadas por sus dueños durante el período estival.

En esta villa se encuentra el castillo perteneciente al ex presidente uruguayo, Idiarte Borda, Los planos del Chalet pertenecen al arquitecto Alfredo Masüe y el diseño del parque al prestigioso paisajista Carlos Tahys, que no sólo trabajó en Montevideo, sino también en Buenos Aires. El difícil mantenimiento de la Mansión llevó a los herederos de Idiarte a venderla; en 1998 un emprendimiento privado, restauró el lugar, respetando las pautas impuestas y haciendo usufructo del mismo.

Incluyendo la recuperación del castillo, el plan de Montevideo, también incorporó todo su derredor intentando un criterio lógico y audaz, pero que a la vez esto no produjera un estancamiento o depresión en el lugar. Para la recuperación se dictaron normas en altura y se respetaron las especies arbóreas ya sean de áreas públicas o privadas, también se impuso un F.O.S. no superior al 35% que incluía retiros frontales y laterales, además de un análisis morfológico del área y la recuperación de la misma.

El Boulevard José Batlle y Ordoñez

La recuperación de esta vieja arteria, que va de norte a sudoeste y que nació allá por el 1700, donde era conocido como el "camino de los Propios", es un tema más dentro del plan de Montevideo, debido a su largo recorrido, a través de toda la ciudad. Se generan distintas realidades urbanas, con diferentes factores socio-económicos, lo que provoca también dentro del trayecto, encontrarse con morfologías diferentes y en ocasiones discordantes.

Ese trazado en diagonal que atraviesa la urbe montevideana y que se contrapone al crecimiento original de la ciudad lo hace a su vez más importante.

A diferencia de otras vías de comunicación, el boulevard más que buscar recuperar sus bordes trata de intervenir en los cruces importantes o puntos referenciales a escala urbana, ya que éste actúa con corta diferencia como una autopista urbana, de ahí que muchos de los tejidos que se conectan con el boulevard sean ajenos al trazado del mismo. El recorrido actúa dentro del sector urbano, como un elemento integrador, de allí la lógica de su importancia y en su recorrido se identifica diferentes situaciones urbanas de importante consideración para su transformación. La conexión de esta arteria con los accesos a la ciudad, cumplen un rol protagónico, como articulador de los distintos departamentos.

La avenida Doctor Luis A. Herrera

Esta arteria, a diferencia del Boulevard Batlle y Ordóñez que funciona como vía rápida, se caracteriza por su discontinuidad en su trocha, relacionándose más con el barrio y con el individuo, ayudada por la gran circulación de personas, termina convirtiéndose, casi en una calle barrial, poco más o menos, perdiendo su rango de arteria principal.

Los extremos de la avenida se encuentran surcados por dos áreas verdes de gran preponderancia como son el prado y en el extremo opuesto, la rambla, unidos por situaciones diferentes como pueden ser plazuelas, nexos o espacios verdes, en forma discontinua. En general la arquitectura del lugar responde a equipamientos de tipo hospitalario y educativo, aunque incluso se desarrollan actividades comerciales y recreativas en los diferentes tramos.

La mayoría de las viviendas responde al tipo de planta baja y un piso, encontrándose las edificaciones más altas en los nudos o cruces de esta travesía.

En las cercanías del Prado, se encuentra el mayor número de casonas que pueden ser convertidas, para cumplir otros roles. La idea de reestructurar este sector urbano, pasa primordialmente por revalorizar las cualidades paisajísticas y definir los espacios de tipo peatonal que pueden brindar al lugar. La aptitud de la división predial para la recepción de grandes equipamientos, de dimensiones importantes en algunos casos, brindan la posibilidad de inserción para destinos múltiples, siempre que se conserve la calidad ambiental y se aporten previsiones respecto del impacto derivado de las intervenciones.

La presencia de arquitectura de gran cuantía patrimonial, como es el caso de estas casonas cercanas al Prado, ofrece la oportunidad de rescatar y dignificar el patrimonio cultural urbano, como parte de nuestra historia.

• Combatir y aminorar el proceso de decaimiento social y económico de este estratégico sector urbano.

• Potenciar la función residencial en el conjunto del sector, tomando en consideración las características y complementariedad de sus distintas áreas componentes.

• Impulsar la localización de actividades compatibles con la función residencial, mejorando el espacio público y los valores de centralidad zonales y locales.

• Mejorar la articulación interna y la integración al resto de la ciudad, mediante la ordenación del transporte público y la potenciación del equipamiento.

• Identificar y desarrollar áreas de oportunidad internas para su transformación y potenciación del conjunto del sector mediante la aplicación del Régimen Específico.

Otros emprendimientos dentro del plan

El ambicioso plan de Montevideo, ha permitido un desarrollo integral de la zona y sus alrededores, Lugares como el barrio **La Teja, Pueblo Ituzaingó**, donde se busca recuperar la homogeneidad urbana, o **Bella Vista**, y la recuperación del uso de los jardines del Hipódromo son sólo algunos ejemplos más de este emprendimiento, el cual ha sabido incorporar ideas que en muchos otros proyectos quedan soslayadas, ejemplo de esto es el plan de recuperación de visuales, a través de normativas que impidan la construcción de cualquier elemento en el barrido visual o foco, que perjudique al cuadro de escena. Dos lugares bien característicos por sus visuales son el **Cerro de Montevideo, El Cerrito de la Victoria**, junto con **La Costa Este**, desde la escollera hasta Juan A. Lavalleja y **Plaza Virgilio** entre otros.

Conclusión: El Plan Montevideo, en muchos casos ha sabido dar réplica concreta a temas referentes a la conservación patrimonial, principalmente porque sus respuestas han apuntado a realizar esfuerzos que tengan como finalidad ser sustentables en el largo plazo. También podríamos aseverar que aún queda mucho por mejorar, principalmente con respecto a los temas referidos a la financiación de estos emprendimientos en pos del patrimonio, pero igualmente es claro que muchos de los objetivos que se han ido cumpliendo fueron también por la participación mostrada de los diferentes actores sociales buscando el equilibrio de las funciones encomendadas tanto a los actores públicos como privados. Por último es importante entender que la finalidad de estas políticas es un mejoramiento en la calidad de vida de sus ciudadanos, utilizando políticas serias y viables.

Fragmento de un cuento de Italo Calvino, del libro: Las ciudades invisibles.

En Ersilia para establecer las relaciones que rigen la vida de la ciudad, los habitantes tienden hilos entre los ángulos de las casas, blancos negros o grises o blanquinegros, según indiquen la relación de parentesco, intercambio, autoridad, representación. Cuando los hilos son tantos que ya no se puede pasar entre medio, los habitantes se marchan: las casas se desmontan; quedan solo los hilos y los soportes de los hilos. Desde la cuesta de un monte, acampados con sus trastos, los prófugos de Ersilia miran la maraña de hilos tendidos y los palos que se levantan en al llanura. Y aquello es todavía la ciudad de Ersilia y ellos no son nada.

Jorge Juan Luchetti*

Arquitecto: Graduado en la Universidad de Buenos Aires. Investigador del patrimonio arquitectónico porteño.
Columnista en periódicos locales sobre la arquitectura y el barrio.
Ejerció la docencia en la cátedra del Arq. Federico Ortiz en la Universidad de Buenos Aires. Realiza proyectos de intervención en edificios de la Ciudad de Buenos Aires. Fotógrafo

Eduardo Montemuiño*

Arquitecto, especializado en recuperación y reciclaje de edificios, periodista y columnista en temas patrimoniales de CX 26 Radio Uruguay - Sodre.
Director del Grupo Diar de investigación y difusión en diseño, arquitectura y patrimonio cultural ha realizado a la fecha, más de 20 exposiciones en Uruguay.
Conferencista en temas de arquitectura, patrimonio y turismo cultural.

Capítulo V

Capítulo V

Gestión del Turismo Cultural:
Desarrollo e Interpretación de Sitios
y Ciudades Monumentales

Enrique H. Madia*

Antes de hablar de " Turismo Cultural" debiéramos definir en alguna medida
el término *Patrimonio*, qué se entiende o se cree que se entiende por ello.

Para crispar a muchos, diría que de alguna manera el patrimonio no es "un
algo" tangible, en esto coincido con Antoni Nicolau Martí que lo define como
una "construcción cultural de nuestras sociedades"... "es un proceso social y
cultural lo que hace que un elemento mueble, inmueble o intangible se con-
vierta en patrimonio."

Nunca un hecho materializado. como puede ser una iglesia colonial por ejemplo. fue concebido como "patrimonio". Fue concebido como una necesidad
de una sociedad, para albergar creyentes de una religión determinada, etc.
Lo mismo ocurre con una vivienda, a ninguno de nuestros abuelos se les
ocurrió vivir en una casa "patrimonio" para luego formar parte de un catálogo de construcciones patrimoniales...

El patrimonio se descubre. Los objetos re-descubiertos del pasado pasan a ser
patrimonio después de su valoración, interpretación y el consenso de una comunidad o nación que lo reconozca como tal. Si no es así, no es patrimonio,
es simplemente un objeto construido más.

Los elementos urbanos que se incorporan a un patrimonio cultural recono-
cido por el público, se transforman de pronto, al incorporarse en el sub-
consciente colectivo, en escenografías que son la fuente de los recuerdos

y de la memoria que nos permite conservar nuestra identidad a través del tiempo en ese hábitat cotidiano donde nos relacionamos.

Patrimonio pasa a ser una representación, una revitalización de nuestra condición actual de "ser distintos" como legado de nuestros antepasados y de su bagaje socio-cultural, fruto de una diversidad contextual que nos identifica ante "los otros", los que tienen costumbres distintas y que crearon también un patrimonio que los identifica con otra historia, costumbres y también con un lenguaje propio.

1-Turismo Cultural
2-Administración:
2.1 Sitio/uso
2.2 Relación Comunitaria
2.3 Usuarios: visitantes/data/características

1- Turismo Cultural

La interpretación general de Patrimonio Histórico o Cultural ha cambiado en lo que va de la última década. Patrimonio Histórico no es más un concepto limitado a "monumentos icónicos" de una cultura o nación como los lugares físicos donde tuvieron lugar eventos históricos importantes.

Actualmente el concepto se ha expandido a cientos de sitios con relevancias y connotaciones culturales más amplias.

Sitios que anteriormente no se habían detectado o bien se los había marginado -intencionalmente por las clases y culturas dominantes del poder- ahora son valorados. Esos sitios "rescatados", ya que existían a nivel latente como sitios patrimoniales, jugaron y juegan un aspecto importante en el desarrollo de culturas y tradiciones locales con identidades y características individuales recién detectadas y que hacen a la definición de paisajes culturales y regiones de riqueza cultural recién descubiertas e interpretadas en un contexto más amplio de "cultura".

Cualitativamente el *hecho patrimonial* ha cambiado. Se ha extendido por la diversidad que abarca, no fijándose en los "conceptos solamente estéticos de belleza" sino en algo más substancial: la contribución patrimonial cultural.
Incluso en lugares que hasta hace un tiempo se consideraban "estéticamente desagradables", sin aportes para promoverlos culturalmente: hoy se valoran asentamientos barriales, industriales, educativos, de recreación, etc., a los que se los considera desde un punto de vista social por su contribución debido a las interrelaciones que han tenido con diversos sectores étnicos y sociales.

Centros donde se han desarrollado tradiciones, mitos, simbolismos y formas de vida que tuvieron un significado especial en el contexto patrimonial creado, generado y desarrollado por determinada sociedad, hoy hace y define un Patrimonio Cultural contextualizado.

El Patrimonio Cultural, juntamente con el Turismo Cultural, son conceptos relativamente nuevos que evocan lo antiguo, una realidad pasada "redescubierta ahora para su valoración" a través de la cultura, llegando a un desarrollo de una región o zona ciudadana por medio de la economía que genera el turismo. La "realidad pasada" convertida en "objeto patrimonial" tiene una carga intrínseca propia de simbolismos, dimensiones semánticas y valoraciones.

El Patrimonio Cultural es el producto dinamizado por la historia de una sociedad que representa una identidad propia que la diferencia de otros grupos sociales, incluso de una misma nacionalidad con regionalismos que se representan en lo tangible e intangible por medio de su arquitectura, tradiciones, leyendas, música, comidas, costumbres, etc.

El Patrimonio Cultural es un legado de sociedades producto de los cambios socio-económicos encontrados en las mismas pluralidades de la sociedad; las que transforman el patrimonio tangible o intangible y lo asimilan a su memoria colectiva como parte de su historia personal, incrementando los valores o destruyéndolos nosotros mismos si no los respetamos.

El patrimonio es un derecho que a su vez implica una responsabilidad hacia el mismo en las distintas formas de consumición que se produce con la globalización cultural al ser explotado por un turismo sin planificación, de los que encontramos cientos de casos en Latinoamérica. Ese turismo es el que lleva nada más que a la degradación del objeto patrimonial y al entorno inmediato del mismo, donde la primera víctima es el ser humano inmediato (el lugareño).

El Turismo Cultural es un concepto multidireccional a diferencia de los modelos turísticos convencionales que definen solamente términos como "playa", "montaña", "casino", etc.
El Turismo Cultural es un concepto que integra sistemas multiterritoriales especializados abarcando también conceptos y valoraciones tomadas del turismo masivo pero solo como accesorio complementario, no como meta.

Rescata y relaciona a los elementos turísticos (mar, montaña, arte visual, casino, historia, paisajes, comidas, música, etc.) como parte de un conjunto o sistema, no como elementos aislados.

El Turismo Cultural no es más que un "turismo selectivo" con un personaje-usuario más cerca del término "viajero" que del "turista" consumidor de paquetes turísticos que venden una imagen de glamour con lugares supuestamente exóticos y sofisticados.

El turista cultural es selectivo, exigente y con sensibilidad por el medio ambiente (natural y producto del hombre); es un personaje en busca de los nuevos productos como el "objeto patrimonial" no ofrecido por el turismo masivo de recreación.

Lo que no quiere decir que busque "marcas" garantizadas como las declaradas Patrimonio de la Humanidad por la UNESCO.

Dicho "viajero", el consumidor del turismo cultural, quiere ser respetado y no quiere ser engañado (por conocer a priori lo que va a visitar) encontrándose con "representaciones teatrales" de población autóctona o materializaciones falsas tipo Disneyworld, con artesanías foráneas a la región, de producción masiva, etc.

Al turista cultural, "el cliente de nuestro producto a vender ", hay que detectarle el perfil del mismo y ver a quién y cómo queremos dirigir nuestro "producto/patrimonio".
El turista cultural medio, identificado en encuestas en general oscila entre 40 y 60 años, y proviene de su visita al sitio como parte de un circuito puntual (donde pasará un par de días mínimo), con un tipo de patrimonio que está "dispuesto a consumir".

Por ejemplo, la arquitectura Art Decó en South Miami Beach, que es una moda, con la sofisticación y glamour con que se la vendió como imagen.

Tenemos otros casos como la ciudad de Bilbao en España donde se desarrollaron planes turísticos en función de los visitantes del Museo Guggenheim o en México con los circuitos mayas, en Costa Rica con el "rain forest" etc.

Cuando hablamos de Turismo Cultural, el factor humano es protagonista con todas sus actividades y manifestaciones socioculturales.
Pero hay que tener en claro que los latinoamericanos somos iguales al resto del mundo pero también somos diferentes y ahí es donde está la clave: *"la diferencia con los otros"*.

Ahí radica a donde se debe apuntar la planificación sustentable del turismo: *esa diferencia es la que se debe saber valorar, interpretar y representar a "los otros"*. Desde ya que *"los otros"* son aquellos provenientes de países y regiones distintas a las nuestras.

Cuando hablamos del objeto patrimonial a presentar es importante no considerarlo como un elemento aislado de un entorno mediato e inmediato. Dichos objetos patrimoniales están ubicados según la escala que tomemos en una región, ciudad, barrio, etc. lo que dicta de alguna manera llegar al sitio en cuestión, desde carreteras, medios de transporte, etc. hasta el acceso al mismo y la infraestructura apta para recibir a los visitantes.

Podemos decir acerca de las ciudades (sin importar la escala de las mismas) que al igual que los sitios patrimoniales monumentales individuales o de conjunto, tienen una capacidad de "acogida"; llámese hotelería, transportes, restaurantes, comunicaciones, seguridad, etc., para abastecer no solo al residente permanente sino para el residente temporario que es el turista.

El visitante temporario, o sea el turista cultural o el turista masivo, se mueve con códigos, signos y necesidades diferentes al residente local, donde tiene suma importancia la señalización de cómo llegar al sitio (no solamente de interés turístico, si no también de "necesidades logísticas" como ser correos, centros médicos, centros de transportación, de comunicación telefónica e internet, etc.), accesos directos o parte de un circuito vehicular o peatonal que termine en el sitio a presentar, etc.

Cuando el "elemento patrimonial" tiene aparejado una "capacidad de carga", no es otra cosa que la sencilla capacidad de recibir cierta cantidad de visitantes por hora o por día, con el apoyo de guías de turismo especializados, con un centro de interpretación, etc.; sin olvidarse de la capacidad sustentable del "Objeto Patrimonial".

La "capacidad de carga" es un elemento crucial en la Planificación de la Sustentabilidad del Sitio. Desde la ubicación de un lugar de parqueo de automóviles privados, taxis, y transportes de excursión, hasta de bicicletas que hacen a la accesibilidad al sitio.

También lo es la programación una vez llegado al mismo; la capacidad de absorción de los visitantes al conjunto y a sus puntos específicos en base a tiempos de recorridos, espacios físicos disponibles para recibir un considerable número de personas, etc, teniendo en cuenta que el patrimonio debe ser exhibido para una diversidad de visitantes con intereses distintos y que tanto los guías como los cuidadores del sitio deben poder realizar sus funciones sin detrimento de calidad de la presentación si resulta sobrepasada la capacidad de carga de los visitantes.

En este punto vemos el tema de "capacidad de carga" en forma directa, ya que la accesibilidad y la seguridad física de los visitantes está totalmente ligada a su número en un corto período de tiempo y algunas veces en situaciones que se presentan al visitante que requieren un esfuerzo físico considerable como subir las pirámides mayas o caminar en las ruinas de Masada en el Mar Muerto con temperaturas altísimas.

De ahí que la accesibilidad y seguridad del visitante es sumamente importante y es responsabilidad del Centro a visitar previniendo al público de los elementos a sortear como así también de las recomendaciones sugeridas para hacer las visitas, con guías o en forma individual, sobre todo en espacios y centros de interés al aire libre.

Un factor para tener en cuenta respecto a la accesibilidad dentro del espacio interno a presentar, es la ventilación del mismo, importante no solo por la salvaguarda del público sino también por la preservación de las estructuras presentadas que van desde los revoques existentes, estructuras de madera, ornamentos, etc. Estas se ven afectadas por la humedad desprendida de las mismas personas, como se ha comprobado en varios sitios abiertos al turismo que incluyen desde catedrales hasta pasillos de estructuras mayas como por ejemplo Chichen Itzá en México.

Con respecto a la seguridad, involucra la seguridad al sitio mismo, con cuidadores para evitar crímenes con respecto a los artefactos en exhibición, como así también a la planificación necesaria para la integridad física del visitante ya sea previniendo delitos contra las personas; o bien protegiendo un recorrido con barandas adecuadas, por ejemplo, o reforzando puentes o pasadizos no diseñados originalmente para soportar cargas considerables.

Igualmente importante es el diseño de la iluminación del sitio (interior o exterior) para evitar accidentes por carencia de iluminación media aceptable; como también lo es la elección del tipo de iluminación para evitar la suba de la temperatura en espacios cerrados que afectan también a los objetos y estructuras a exhibir.

Es importante también contar con sistemas contra incendios y evacuación de humo adecuados, al igual que con señalización de emergencia, todo esto con el apoyo del cuerpo de guardianes entrenados para situaciones de emergencia al igual que una señalización que sea parte de un sistema integral de emergencia visible y entendible a los visitantes.

Destinar lugares aptos para fumar no solo previene incendios, también se previene ubicando ceniceros y cestos de basura adecuados para la recolección de basura que vemos desperdigada en sitios monumentales, por falta de cultura y respeto de los visitantes y también muchas veces por la falta de prevención de los administradores del sitio patrimonial.

2.6 Infraestructura/concesionarios/ventas/artesanías

Uno de los hechos más lamentables en todo sitio patrimonial es el lugar donde se venden los souvenirs que pretenden representar al sitio pero generalmente, por no decir siempre, degradan a la artesanía auténtica de la zona como así también al artesano local.

Las artesanías se convierten en un artículo agregado al producto turístico con el mismo valor que se presenta una loción protectora solar o una gaseosa, o sea un artículo más de donde sacar provecho económico.

Con esa degradación, la artesanía se transforma en un artículo ajeno a lo que intrínsecamente debería ser: una verdadera obra artesanal por más simple que sea; lo que trae aparejado una falta irreparable : la degradación del artesano que la produjo, el ser humano.

Todos hemos experimentado burdas copias de plástico del calendario maya mexicano (hecho en la China), como también de pseudo artesanías que pertenecen a otra región que no tiene ninguna relación con la que se visita y también se exponen y comercializan. Objetos de producción masiva donde la "inautenticidad" es el denominador común que los caracteriza.

Recordemos a Umberto Ecco que nos dice: que lo falso tiene también "un aura de realidad pero que en rigor corrompe el significado del objeto original", incluso dice que es un "vacuum de memorias de un presente sin profundidad y real significado". Pero que es lo que se nos está introduciendo todos los días incluso en nuestras ciudades con modelos foráneos de arquitecturas que nunca existieron, creando un mundo Disneyficado para el consumo, producto de la frivolidad, como los "objetos" que aparecen en nuestras ciudades, que deberían ser hechos arquitectónicos contemporáneos pero que en rigor empobrecen la arquitectura de nuestros paisajes urbanos.

La tendencia de percibir la arquitectura desde un punto de vista meramente formal o estético por medio de una imagen, lo que no es más que un "exhibicionismo comercial" utilizando materiales de eras pasadas pero hechas en el presente como balaustradas, cornisas y molduras de poliuretano (simulando materiales que no son), muestra una arquitectura falsa, coherente con la frivolidad del consumismo de imágenes que se publicita diariamente.

3- Centro de interpretación/información

3.1 Autenticidad

Dicho "Objeto Patrimonio" a presentar tiene que haber sido extraído y procesado de algún inventario, que es donde se generan los productos patrimoniales, y debe de ser parte de un sistema comprensivo y de fácil interpretación para todos los visitantes, tanto local como externo.

La interacción primordial se realiza a través de un guía, de ahí que los conocimientos del objeto deben ser puntuales y amenos si pensamos que los mayores flujos turísticos se producen en los fines de semana y la gente quiere mayormente distraerse.

Con respecto a los Centros de Interpretación que todo Sitio Monumental debiera de tener en mayor o menor escala, no es más que el resumen *interpretativo y presentado al público de lo que el sitio es y el por qué de su valor patrimonial*, de donde se saca una advertencia primordial que es el punto de partida de la planificación de lo que el Centro Interpretativo debe ser: no debe sobrepasar al sitio presentado.

De ahí desprendemos que el centro de interpretación con sus guías y lo que éstas transmiten no debe superar al "objeto presentado".

Resulta sumamente importante la "autenticidad" del objeto y "cómo se lo muestra, presenta e interpreta", lo que significa que sea culturalmente representativo, sustentable y de verosimilitud histórica. Lo que nos hace decir que un objeto sin interpretación y valuación de alguna manera no es patrimonio, es solo un objeto.

El objeto patrimonial a presentar debe estar preparado en base a una cuidadosa planificación interpretativa y didáctica para un público diverso que tiene que entender y comprender "el por qué y el para qué" y que al mismo tiempo este público se sienta parte de ese "artefacto" y sepa a su vez que ese "artefacto" es parte de ellos en su pasado y en su historia o bien de una historia ajena (si son visitantes foráneos) a su cultura pero que es importante dentro del contexto cultural histórico y social que lo produjo.

Dentro de los visitantes/usuarios es fundamental detectar y acomodar los diferentes tipos de interés que los mismos pueden llegar a tener y a partir de ahí se diseña el tipo de información necesaria y la evaluación de lo estrictamente necesario (que tendrá dicha información) ya sea presentada en forma oral, escrita, con paneles informáticos o medios audiovisuales.

Los usuarios pueden ser clasificados de la siguiente manera:

Los Visitantes Académicos o Conocedores: son aquellos con cierto nivel académico o cultural que "conocen" del sitio/objeto monumental antes de conocerlo físicamente. Saben lo que quieren ver, no quieren que los apresuren y en caso de tener un guía, pueden ser críticos y requerirán que la información que reciban sea de alto nivel, sustentable e interpretativa.

Los Visitantes Generales: los podemos definir como nuestro "objetivo de venta del producto" y en donde estará enfocado el programa interpretativo del sitio/objeto. Son los visitantes que saben del lugar y que quizás hayan leído algo antes de su visita, y los que se irán creyendo que tuvieron una visita productiva. Concretamente el público en general, es el mejor promotor del sitio.

Los Visitantes Ocasionales: a éstos los podemos caracterizar como aquellos que llegaron al sitio como parte de un paquete turístico que incluía dicha visita; visita que no hubieran hecho por sí solos. Más interesados en souvenirs, y consumo de amenidades que provea el sitio. Pueden haber oído de antemano del sitio, pero con interés limitado, pero pueden tener interés al recorrer el lugar.

La otra categoría son los Estudiantes: los que pueden estar interesados por estudiar profesiones relacionadas, arqueólogos, arquitectos, artistas, etc. o bien de escuelas primarias o secundarias que participan de un estudio puntual de un período de la historia. Para este último grupo la presentación / interpretación suministrada debe ser concisa y amena basada en un programa interpretativo basado para estudiantes, similar al del Visitante Conocedor pero no tan profundo y con participación interrelacionando a los mismos con el "objeto patrimonial" presentado.

También se puede llegar a hablar de otro público que cae en varias de las categorías anteriores y es el de la tercera edad, visitante que se va viendo cada vez más en todos los centros turísticos.

Un punto que hay que tener muy en cuenta en todos los casos es que la gran mayoría de estas visitas se producen en los fines de semana, que son los momentos del tiempo libre. De ahí se desprende que toda información, sobre todo la oral por medio de guías, tiene que ser amena e interrelacionada con los participantes para no volver el "tiempo libre" en un evento tedioso y aburrido, sobre todo cuando consideramos también al ultimo tipo de visitante que es la Familia, generalmente se trata de lugareños vecinos al sitio visitado.

3.1 Información impresa
3.3 Exhibiciones
3.4 Guías

4- Patrimonio y Sociedad:

Recurso Económico/Sustentabilidad

El turismo ya no puede ser visto como un hecho singular para y de una sola industria como la de los agentes de viaje, el turismo requiere una participación interdisciplinaria de diversas profesiones y sectores productivos donde no solo se dan procesos económicos y sociales sino también ecológicos relacionados con el medio ambiente en donde se proyecta ese turismo.

El crecimiento desordenado y la pasividad de la industria del turismo provocan también daños ecológicos de niveles irreparables en la fauna y flora al igual que el deterioro de monumentos y artefactos de culturas nativas.

Desde el punto de vista ecológico ya se han empezado a detectar variaciones en el comportamiento de ballenas con probadas señales y sonidos más agudos o de "stress" en el Mar de Cortés en la Baja California dado el incremento de embarcaciones que visitan la zona en una "simple excursión" pero que causa daños irreparables en la fauna marina al igual que las excursiones para nadar con los delfines en el Mar Caribe.

El Turismo Cultural y la planificación multidisciplinaria del mismo es en estos momentos de globalización cultural (con los peligros que traen las transculturaciones foráneas) el único medio posible para consolidar y preservar las individualidades y regionalismos de las naciones a través de la valoración e interpretación de la memoria histórica de patrimonios intangibles y tangibles que heredamos como naciones.

La multiplicidad de los planes de gestión y administración de turismo a cualquier escala deben contemplar las diferencias como punto de partida, después la configuración de itinerarios y que interrelacionarán los símbolos y valores culturales intangibles por un lado y los valores tangibles por otro, que mancomunados e interpretados definen un paisaje cultural particular.

No siempre un territorio o ciudad posee un *"tema"* a un *"elemento tótem"* o una red de elementos vinculados que lo defina por sí solo como paisaje cultural. Hay que detectarlo, interpretarlo, estructurarlo, y re-presentarlo a "los otros". El "tema" hay que encontrarlo para que se pueda definir a través de éste el mercado al que esté orientado el producto turístico. Puede ser desde un tema religioso, culinario, artesanal, musical, arquitectónico, etc. Paralelamente hay que tener en cuenta que paradójicamente las ciudades son importantes para el turismo pero el turismo no es imprescindible para las ciudades.

El Patrimonio es para todo el público, pero ese público tiene que entender y comprender "el por qué y el para qué" y sentir que son parte de ese "artefacto" y a su vez que ese "artefacto" es parte de ellos en su pasado y en su historia. Sin olvidarnos que el sujeto del Patrimonio es el visitante: la gente. Parafraseando a Jean Paul Vazquez podemos decir que:" no es posible definir un proyecto de turismo cultural sin integrar a los actores locales" artesanos, artistas, escritores al igual que al simple vecino. El turismo tiene el éxito garantizado cuando se mezcla con la vida cotidiana del lugar.

Como resumen a las políticas y planificación de turismo basadas en un efectivo desarrollo sustentable, es primordial romper la dependencia de productores y agentes de turismo extranjeros; los que con toda seguridad no pueden tener la misma sensibilidad hacia las tradiciones y hechos culturales que agentes y profesionales locales. Agentes que deben ser responsables profesionalmente, que sientan y comprendan una identidad cultural, que se aboquen a la conservación de la biodiversidad, respeten y promuevan la elevación de la calidad de vida de las poblaciones inmediatas locales a los sitios "productos turísticos" a visitar.

Enrique H. Madia (EEUU)

Arquitecto UBA, Argentina.
CICA Comité Internacional de Críticos de Arquitectura. Miami Design Preservation League. Ex Board of Directors. Comité de Educación Chairman 1993-1998. Comité de Recomendaciones de Preservación Histórica. Asociación Colegiada de Escuelas de Arquitectura, 2001-1994. Sociedad de Historiadores de Arquitectura, 1994-Presente. Docomomo Internacional (Documentation and Conservation of the Modern Movement). Docomomo US Florida.Presidente US/ICOMOS. Cultural Tourism Committe. ICOMOS International ISC XX Century Heritage. CICOP Centro Internacional para la Conservación del Patrimonio, Argentina. Museo Hispánico y Latinoamericano de la Florida. Directorio 1998-1996. Florida Trust for Historic Preservation. 2001-1993. National Trust for Historic Preservation. 1994-Presente
Art Deco Society of Washington DC. 2002-2003. CPAU Argentina. Colegio Profesional de Arquitectura y Urbanismo.

Capítulo VI

Capítulo VI

Patrimonio y Desarrollo

Guillermo R. García*

"Conservación, sustentabilidad y desarrollo"

La investigación aplicada que desarrollamos en nuestra consultora apunta al diseño de instrumentos que permitan operaciones urbanas en el marco del "equilibrio adecuado y equitativo entre conservación, sustentabilidad y desarrollo" (Declaración de Budapest sobre patrimonio mundial)

En el marco de estos principios el recurso patrimonial puede adquirir una renovada valoración que sabiamente presentada a la comunidad se transforma en un excelente "brazo de palanca" que potencia las intervenciones en el entorno de sitios con valor patrimonial y aporta valores de referencia, a la vez que identidad y visibilidad, a la recuperación de áreas urbanas o suburbanas.

A su vez asignando a la operación valores referenciales anclados en la historia del lugar y estudiando las formas de comunicación acertadas se formula una "marca de origen" de carácter patrimonial que permite reinstalar el "nombre" en la comunidad generando un clima propicio para que las fuerzas socio económicas permitan dotar al emprendimiento de los fondos necesarios para su propio desarrollo sin requerir de la subvención estatal.

Marco de referencia

Es factible generar desarrollo sostenible desde una perspectiva integral de la conservación que abarque al mismo tiempo el campo ambiental, el productivo y la recuperación del patrimonio cultural.
Los valores asignados al patrimonio se han multiplicado en las últimas décadas, ya que tradicionalmente se hablaba en términos de identidad, estética, significación histórica y comprensión del pasado y actualmente hablamos

de productos, recursos e industrias culturales, inversión, sustentabilidad y generación de empleo.

El objetivo es desarrollar en sitios de valor patrimonial con que cuenta un determinado sector un proyecto vinculado a su historia e identidad, potenciando el conjunto de bienes culturales y naturales - hoy inexplotados económica y socialmente- convirtiéndolos en un polo generador de servicios que genere flujos económicos hacia un desarrollo sustentable.

La recuperación del conjunto a través de una *Articulación nodal del patrimonio* de la zona produce sinergia y propicia un circuito regional, en base a la **conservación integrada**,[2] que implica incorporar categorías de uso cada vez más numerosas en bienes a proteger y generar intervenciones diversificadas, a través de operar con redes de servicios que canalicen la demanda insatisfecha, como así también presenten alternativas a demandas externas, como turismo cultural y otros.

Al trabajar con los principios de *conservación integrada*, naturalmente estamos englobando al patrimonio tangible e intangible, es decir se propician acciones que intervinculadas generen la transformación de un sistema o red local (que incluye al ámbito físico) en soporte de servicios que generen flujos económicos, fuente de riqueza para la región.[3]

Consideramos además al Recurso Patrimonio como "No renovable", estableciendo parámetros de valor como bien escaso y su proyección hacia las generaciones futuras.

Incorporamos la medición de los valores del Patrimonio Intangible y su proyección Tangible hacia el futuro.

Utilizamos modelos de evaluación que permitan inclinar el fiel de la balanza hacia las acciones de recuperación y protección del patrimonio.

Para que una *Marca Región o de Origen* se transforme en un sistema exitoso, además, debe contener aspiraciones de tipo social y cultural, a través de modelos de desarrollo y estrategias adecuadas para operar con el Universo del Patrimonio en forma de Sistema, ya que los operadores públicos o privados especializados conocen que los programas de desarrollo basados en complejos sistemas culturales, sociales y económicos deben tratarse con herramientas capaces de verificar el funcionamiento de las fuerzas de distinta índole que hacen el emprendimiento sustentable.

Nuestra experiencia indica que las variables de cada región o temática   se articulan de forma única y diversa Esto es irrepetible y la aplicación de "recetas" no vale para comunidades que difieren tanto en valores culturales como económicos. Por ello los programas standard o prediseñados no pueden funcionar en todo contexto.

Nuestra propuesta se basa en la realización de buenas prácticas concatenadas entre sí a través de un plan que permita la evaluación constante de resultados en base a indicadores que acrediten los resultados desde la multidisciplina.

En el marco de Economía Social se propone la aplicación de buenas prácticas destinadas a transformar buenas ideas en explotaciones rentables, tomando experiencias y tecnologías que no fueron pensadas para el manejo del Patrimonio pero que resultan necesarias de transferir para validar el proceso de intervención a que debe ser sometida la Zona, con la misión de transformar experiencia multidisciplinaria en conocimiento y éste en el instrumento para modificar la realidad generando:

- Confianza que obtiene el financiamiento,
- El gerenciamiento de los bienes raíces.
- La participación de empresarios y compañías sustentables.

Todos ellos necesarios elementos para producir buenas prácticas exitosas.

En síntesis: se trata de transformar conceptos abstractos en plataformas culturales y económicas para el desarrollo sustentable del conjunto es decir participantes viables que en el marco de un plan de desarrollo estratégico contribuyan a la recuperación de aquellos valores que hacen al sitio único e irrepetible y garantizar el uso de las actuales generaciones de nuevos pobladores en primera instancia , visitantes luego y que estos valores se conserven con un alto grado de autenticidad para las generaciones futuras.

Todo proyecto genera simpatías, rechazos, posibles accionistas, detractores impredecibles, amigos y enemigos. Y aún indiferentes.
La Gestión del Patrimonio necesita de aptitudes propias del Desarrollador para:

Transformar debilidades en fortalezas: Utilizar nuestro Proyecto como estandarte, cargarlo de una adecuada dosis de idealismo.(1)

Para ello aplicamos el siguiente método:

Plan de desarrollo estratégico

Gestión del Conocimiento Tecnología e Inversión

Marco Plan Estratégico
Definición del propósito,
Modelización del contexto,
Definicion de objetivos,
Diseño de estrategias para alcanzar objetivos
Acciones para implementar estrategias

Proyecto de Inversión
Análisis económico del proyecto:
Visión General del Proyecto
Mercado

Proyecto de Intervención
Restauración, reciclaje y puesta en valor de los componentes patrimoniales
Reconversión de infraestructura
Ejecución de nuevos edificios

Proyecto de Marketing
Plan de marketing
Plan de Imagen

Logístico
Diseño, redacción, búsqueda de proveedores y presupuestos para las acciones
de comunicación   (Esfuerzos de Marketing)

Comunicación escrita
Folletos (Brochure), Circulares (newsletters)

Comunicación audiovisual
Diapositivas digitales, videos, y audio para diferentes presentaciones, promo-
ciones, stands y puestos de congresos y seminarios vinculados.

Publicidad
Nexo y facilitador de contacto con creativos y/o agencias de publicidad para
comunicación masiva (Avisos en diarios, revistas, vía pública, comerciales
en radio y TV)
Web marketing

Relaciones Públicas
Acción institucional en el entorno
Plan de Imagen.
Prensa (artículos, gacetillas, relación con periodistas)
Acciones institucionales comunitarias

Gestión de inversión
Estrategia captación de financiación:
Requerimiento de financiación
Condicionantes
Variables

Gerenciamiento de Proyecto e Intervención
Actuación para urbanizar

Monitoreo de Intervención
Proceso paralelo de seguimiento en la implementación de los distintos planes
(tanto resultados como metodologías) junto a las correcciones para redirigir
hacia el resultado final esperado.

Comercialización.
Determinación de segmentos prioritarios de abordaje.
Targeting (Target = blanco u objetivo)
Determinación de las empresas prioritarias o canales para abordar la comer-
cialización
Soporte de metodología para tareas específicas
Provisión de recursos o medios que deban asignarse.

Contexto [4]

Para que este proceso se desarrolle exitosamente el programa o plan de
desarrollo estratégico deberá diseñarse con el aporte de las fuerzas comunitarias en su conjunto pero articulado por un sólido equipo multidisciplinario
aportado por el Desarrollador con el sustento en técnicas de relevamiento
de avanzada (Relevamiento satelital, GPS, mapeo digital geo-referencial,
Modelos de simulación digitales, maquetas electrónicas de territorio, etc.)

Y técnicas de comunicación y representación de alto impacto en la comunidad
como la producción de elemento aptos para la difusión en medios de comunicación masivos (Por lo que deberá trabajarse en multisoporte - Gráfico, oral,
animaciones en video, etc)

Todo ello para que el programa explicite los objetivos a los distintos acto-res, genere confianza en los posibles inversores y establezca claramente a las partes involucradas los puntos estratégicos que se deberán cumplir para lograr el éxito.

Esto es la instauración y el gerenciamiento de una Marca de Origen - que identifica al emprendimiento- y su correspondiente protección y explo-tación comercial y social sustentable, para que el proyecto sirva mejor a la comunidad en la cual se implementa y transferir el recurso a las genera-ciones venideras.

El programa

El programa establecerá un marco de apoyo para que emprendimientos y mi-croemprendimientos se transformen en comercialmente viables bajo el para-guas del conjunto.

Condiciones a cumplir

Para que un plan de desarrollo sustentable sea exitoso deberán poder com-probarse resultados objetivos
A partir de la presentación y difusión del plan:

• Por sinergia deberá generar la aparición de nuevos negocios.

• Deberá mejorar la calidad de vida de los habitantes ligados al empren-dimiento en cuestión.

• Incrementará la tasa de retorno de las inversiones existentes

• Permitirá la llegada de nuevas fuentes de inversión

Parámetros técnicos

El plan contempla el apoyo o creación de nuevos emprendimientos, los de-berá ayudar a crecer rápidamente, potenciará la sinergia con otros empren-dimientos en otro sector del sistema.

Para aprobar la incorporación de nuevos emprendimientos o negocios en el sistema la oficina del plan gerenciada por el Desarrollador verifica a través de estudios de prefactibilidad que se cumplan las siguientes condiciones antes de facilitar su incorporación:

- Los valores que aportará a la comunidad de realizarse.
- Garantizando rentabilidad económica y social
- Cómo se estructurará en el complejo sistema del emprendimiento.
- Demostrado por plan de manejo sustentable
- Evaluación del compromiso o grado de afectación al patrimonio y ambiente
- A través de Estudios de impacto ambiental y cultural
- Verificación de la confiabilidad o margen de riesgo de los grupos de inversión
- A través de Índices económico financieros

El Concepto de Red

Las ventajas comparativas de operar dentro de una zona permite una acción de escala. De esta manera al trabajar con una base colectiva y no con emprendimientos individuales o pequeñas zonas los programas de desarrollo pueden lograr economía de escala o masa crítica. Allí la figura de consorcios o fideicomisos configurados a través de redes reales apoyados por redes virtuales pueden obtener beneficios adicionales.

- Presentarse con más atractivos a posibles inversores.
- Obtener una fuerza de trabajo colectiva.
- Generar un mayor mercado.

Además los grupos que se incorporan a la explotación pueden recibir asistencia técnica, acceder a servicios compartidos o equipamientos comunes. Todos en simultáneo auto generando un contexto proactivo. Así como para compartir la modernización tecnológica de las diversas actividades y además realizar una difusión en publicaciones, ferias, foros o eventos de manera conjunta.

Se trata de superar los obstáculos que se presenten de forma común gerenciando a través de la instauración de una oficina del plan y creando de ser necesarias las condiciones que hagan favorable la intervención.

Estableciendo prioridades y analizando los distintos escenarios a fin de obtener o potenciar los recursos que favorezcan el proceso sustentable liberándolo de obstáculos.

Notas:

(1) Miguel Ortenberg, Arquitectura, Marketing y Contexto.
(2) Jean-Louis Luxen, Patrimonio y Desarrollo ICOMOS.
(3) Arq. Guillermo R. García. Congreso Internacional CICOP San Bernardino, Paraguay 2002
(4) Arq. Guillermo R. García. Congreso Internacional CICOP Lanzarote, Canarias 2004

Guillermo R. García (República Argentina)

Arquitecto UNLP. Asesora y conduce emprendimientos de nuevos conjuntos, la puesta en valor, conservación y mantenimiento en edificios de valor patrimonial, desde una postura integradora a través de la multidisciplina.

La pertenencia a ICOMOS International Council on Monuments and Sites y CICoP Centro Internacional para la Conservación del Patrimonio ha permitido desarrollar emprendimientos significativos en el marco de Cooperación Internacional. Ha realizado desde intervenciones puntuales en subsistemas de edificios aislados hasta planes de intervención regionales o la generación de organismos estatales u ONGs de gestión autónoma para conservación o completamiento de conjuntos paradigmáticos. Se ha especializado en la utilización del patrimonio cultural como instrumento para el desarrollo de las comunidades locales.

Participó en programas de cooperación técnica y capacitación. Obra citada y/o publicada en el país y el exterior. Catedrático de Postgrado en Patrimonio de la Universidad Nacional de La Plata y de la Maestría del CICOP.

Director de Investigación FAD UCALP.-

Bibliografía

Bibliografía recomendada y sitios de interés:

FOWLER, Peter J. *"World Heritage Cultural Landscapes 1992-2002"*. Centro del Patrimonio Mundial de la UNESCO, Serie Manuales No.6, Paris, 2003.

PEDERSEN, Arthur. *"Gestión del turismo en sitios del Patrimonio Mundial: Manual práctico para administradores de sitios del Patrimonio Mundial"*. Centro del Patrimonio Mundial de la UNESCO, Serie Manuales No.1, Paris, 2005.

UNESCO. *"Basic texts of the 1972 World Heritage Convention"*. Paris, 2005.

UNESCO *"World Heritage 2002. Shared Legacy, Common Responsibility"*. Informe del Congreso Internacional organizado por la UNESCO con motivo del 30 aniversario de la Convención de 1972. Centro del Patrimonio Mundial y Oficina Regional para la Ciencia en Europa (ROSTE). Fundación Cini, Venecia, Italia, 14-16 Noviembre 2002.

UNESCO *"Periodic Report: State of the World Heritage in Latin America and the Caribbean, 2004"* Document WHC-04/28.COM/16, Paris, 18/05/04, presentado en la XXVIII sesión del Comité del Patrimonio Mundial en Suzhou, China. Existe versión resumida en castellano, inglés y francés publicada por la Oficina de UNESCO- Montevideo. Agosto, 2004.

UNESCO. *"Tejiendo los lazos de un legado. Qhapaq Nan, Camino Principal Andino, hacia la nominación de un patrimonio común, rico y diverso de valor universal"*. Representación de UNESCO en Perú, 2004.

UNESCO. *"Linking Universal and Local Values: Managing a Sustainable Future for World Heritage"*. Conferencia organizada por la Comisión holandesa para la UNESCO en colaboración con el Ministerio de Educación, Cultura y Ciencia de los Países Bajos, Ámsterdam 22-24 mayo 2003, Centro del Patrimonio Mundial, World Heritage Papers No. 13, Paris, 2004.

UNESCO. *"Arqueología del Caribe y Convención del Patrimonio Mundial"*. Seminario internacional organizado por el Centro del Patrimonio Mundial de la UNESCO y el Consejo Regional de Martinica en cooperación con los Gobiernos de España, Francia e Italia, Martinica, 20-23 septiembre 2004. Serie Manuales del Patrimonio Mundial, Centro del Patrimonio Mundial , No. 14, Paris, 2005.

UNESCO/UNDP. *"Systematic Monitoring Exercise. World Heritage Sites in Latin America, The Caribbean and Mozambique"*. UNDP/UNESCO Regional Project for Cultural, Urban and Environmental Heritage. Report 1991/1994.

UNESCO *"Paisajes Culturales en los Andes. Memoria Narrativa, Casos de Estudio, Conclusiones y Recomendaciones de la Reunión de Expertos"*. Arequipa y Chivay, Perú, mayo de 1998. Elías Mujica Barreda / editor. Representación de UNESCO en Perú, 2002.

UNESCO.*"Paisajes Culturales en Meso América. Reunión de Expertos – Memoria –"* 27 al 30 de septiembre de 2000, San José, Costa Rica. Oficina de la UNESCO para América Central, 2002.

CONACULTA-ICOMOS. *"La Representatividad en la Lista del Patrimonio Mundial. El Patrimonio Cultural y Natural de Ibero América, Canadá y Estados Unidos"*. Memorias de la reunión celebrada en Santiago de Querétaro, México, Diciembre 12-16, 2003.

www.unesco.org/whc • www.icomos.org • www.iccrom.org • www.uicn.org